Plus tard,
je serai un enfant

La collection L'Atelier de l'enfance
est dirigée par Catherine Lalanne

Éric-Emmanuel Schmitt
de l'académie Goncourt

Plus tard, je serai un enfant

Entretiens avec Catherine Lalanne

bayard

(Les photos reproduites dans cet ouvrage proviennent d'archives familiales)

18, rue Barbès, 92128 Montrouge Cedex (France)
ISBN : 978-2-227-48897-7

À mes fils, Gabriel et Rodrigue
C. L.

À Jeannine et Florence,
E. E. S.

Préface

Je n'ai pas eu la même enfance toute ma vie.

À vingt ans, elle me semblait vide tant je désirais la quitter. À trente ans, je l'avais bornée à une série d'impressions, une collection de premières fois, un alphabet de sensations. À quarante ans, j'en fournissais un récit tourmenté, avec un début, un milieu et mille ruptures, car je me débattais alors dans des tensions familiales. Aujourd'hui, la cinquantaine advenue, plus tendre, plus sage, moins fier, apaisé, je mesure ce que j'en retire et j'aime y détecter les racines de ma vie.

La fenêtre que l'on ouvre sur le passé se découpe toujours dans le mur du présent. Du paysage, on n'aperçoit que ce que dévoile le point de vue actuel. Rien de moins objectif que le temps révolu. Toute histoire de jadis demeure contemporaine. Nous possédons plusieurs enfances au cours d'une vie, lesquelles diffèrent selon l'âge auquel nous la racontons.

Voici donc, dans ce livre, mon enfance à cinquante ans…

Je dois ces entretiens à l'amitié de Catherine Lalanne dont le beau regard, attentif, respectueux a tempéré mon horreur des confidences. Pudique comme une huître, je me ferme dès qu'on m'approche. Ai-je quelque chose à cacher ? Non, rien que je ne finisse par confesser, mais je souhaite décider moi-même quand, comment, à qui. Ma réserve relève en outre d'un réflexe professionnel ; dédié à mon activité d'écrivain depuis des décennies, je tais mes secrets pour maintenir l'équilibre qui me rend fécond — ou le déséquilibre… Je ne les livre que métaphorisés, transformés, transposés, dans mes romans et pièces — sans en avoir nécessairement conscience d'ailleurs. Face à l'autobiographie, mon silence, ma timidité, ma gêne visent d'abord à protéger mon art. Soit on se dit, soit on écrit. Soit on vomit, soit on élabore des formes. Soit on est littéral, soit on est littéraire.

Catherine me troubla lorsqu'elle m'annonça son projet éditorial : interroger des artistes sur leur enfance qui, selon elle, constitue le véritable atelier de leur création. En ces vertes années, dans leurs malheurs ou leurs bonheurs, dans la plénitude ou le manque, ils ont puisé l'envie, l'énergie, le besoin de peindre, de composer, d'écrire. Pouvais-je négliger une idée si intrigante ?

Toujours, en mon adultie, j'ai tenté de tenir les promesses formulées à l'aube de ma destinée ; chaque fois que j'y suis arrivé — narrer, jouer de la musique, monter sur scène, réaliser des films —, j'ai éprouvé un plaisir tonique, intense, fait d'ivresse, d'orgueil, de jubilation, auquel s'ajoutait une colère contre le temps perdu. Quelle endurance ont les rêves ! Ils attendent parfois notre maturité pour se concrétiser. Tant périssent dans les longues allées des cimetières bordant notre existence que nous devrions les soigner, les considérer et leur octroyer la place d'ambitions essentielles. Fréquemment, j'ai noté que la fonction d'adulte m'égarait, me confinait à des tâches périphériques, détournait mon ardeur sur des buts douteux : obtenir des diplômes, décrocher des prix, gagner de l'argent, épingler des honneurs. Un enfant ne prend pas de telles futilités au sérieux !

En analysant mes avatars, je me suis avisé que l'enfant ne disparut jamais en moi. Pourtant, il en eut souvent l'occasion : en dépit de leurs bonnes intentions, Éducation et Instruction se révèlent des tueuses d'enfants. Surtout lorsqu'elles se montrent excellentes.

Fils de professeurs, j'ai apprécié l'école et accompli, sans trop de difficultés, de hautes études, doté d'un psychisme assez souple pour me plier au conformisme académique. Or se cultiver forme, mais déforme : on intègre des normes, on ingère des contraintes, on empile des connaissances. Durant ma scolarité, rien ne sollicita ma créativité initiale, tout l'ensevelit. Sitôt que je débarquai sur le marché de l'emploi, l'obligation de performance enterra davantage ce qui subsistait d'audace et d'innovation. Le nécessité de travailler pousse à exploiter ce que l'on sait, non à explorer ce que l'on ignore.

L'enfant faillit mourir plusieurs fois en moi : l'*enfant créatif* fut enseveli sous des enseignements ; l'*enfant philosophe*, qui s'étonne, qui s'interroge, qui réfléchit, se persuada à vingt ans de détenir la science et se dispensa de chercher encore ; l'*enfant joueur* risqua d'être broyé par l'esprit de sérieux.

Pour rester vivant, il faut apprendre autant que désapprendre. Heureusement, la philosophie m'incita à l'examen critique — faire et défaire —, m'encourageant à remettre en question les règles acquises. Grâce à son hygiène mentale, la philosophie m'a conduit à rallier le dynamisme curieux et entreprenant de mon enfance.

Naît-on écrivain ou le devient-on ?

J'ai longtemps cru qu'on le devenait, ainsi qu'on exécute un projet, mais, à l'issue de ces dialogues, je flaire une complication.

Le serais-je devenu, écrivain, si je ne l'avais pas été ? Les autres ont d'emblée diagnostiqué un « écrivain » dans l'enfant puis l'adolescent qui rédigeait des textes aussi naturellement qu'il respirait. Cependant, à vingt-sept ans, mon doctorat de philosophie achevé, quand je me suis consacré à la création, je n'y suis pas parvenu sur l'heure. J'ai lutté. J'ai sué. J'ai douté. Je me souviens qu'alors je *voulais* devenir écrivain, obstiné, contre les faits et contre l'adversité. Là s'enracine la conviction que j'ai besogné pour produire un écrivain. Néanmoins, j'estime que cet écrivain, je ne l'ai pas fabriqué, je ne l'ai que trouvé et rejoint : il était déjà présent. Il patientait depuis l'enfance. Le normalien s'en était éloigné, l'intellectuel surdosé pareillement, mais lui n'avait pas bougé.

On ne crée pas le créateur en soi ; on le découvre puis on lui donne la parole. Et la parole que je lui ai rendue à trente ans avait profité de ma plénitude d'homme, de philosophe. Tout se simplifia.

L'artiste naît de la collaboration équitable d'un enfant et d'un adulte en une même personne.

D'où vient la force qui me permit de ne pas tuer l'enfant, de lui offrir plus tard des moyens perfectionnés pour exprimer sa créativité ?

La force me vient de mes parents, comme la lumière coule du soleil. On le constatera dans ce volume, leur amour vigilant me dota d'ailes pour m'élever. Je remercie ceux qui m'ont déclaré que « je pouvais » et m'ont tenu les portes de l'avenir. Ironiquement, je remercie aussi ceux, bien plus nombreux, qui m'ont assuré que je « ne pouvais pas ». Mille phrases resurgissent… « N'essayez pas d'entrer à Normale Sup, c'est trop difficile ». « Ne vous inscrivez pas à l'agrégation de philosophie, ou prévoyez de vous y présenter plusieurs fois avant de l'emporter ». « Vous mettrez quinze ans à boucler votre thèse » — j'ai mis trois ans. « Vous échouerez à vous faire jouer au théâtre ». « Il n'y a plus d'auteurs dramatiques ». « Impossible de percer simultanément en tant que dramaturge et en tant que romancier ». « La littérature française est morte à l'étranger ». « Les écrivains ne savent pas filmer ». « Être auteur ne vous transforme pas en acteur »... Avec le recul, j'ai l'impression d'avoir traversé un peloton où des soldats, alignés, tiraient des balles — leurs conseils — pour que je m'effondre. Par bonheur, j'ai vite compris qu'ils tiraient surtout sur leurs pieds : ils parlaient d'eux, pas de moi ; ils évoquaient leurs mésaventures, leurs échecs, leurs inhibitions, et me suppliaient de les justifier en renonçant à mes désirs.

J'ai résisté parce que j'avais reçu la confiance en cadeau dès l'enfance.

« L'enfer, c'est les autres » professait Jean-Paul Sartre. Mais le paradis aussi...

Il y a deux sortes d'autres : les geôliers et les libérateurs. Les geôliers vous enferment, vous dévitalisent, vous réduisent à une impuissance semblable à la leur, gangrènent votre vie d'un avant-goût de mort. Les libérateurs vous rendent à l'univers, à la joie, à la vigueur active, à l'accomplissement. Le suprême soutien d'un enfant, c'est d'avoir été rêvé : rêvé avant de voir le jour, rêvé pendant ses premières années, rêvé ensuite. Mes parents m'ont rêvé ; maintenant, mes proches me rêvent. Bruno Metzger, qui m'accompagne dans toutes mes aventures professionnelles, pose sur moi un regard qui m'autorise l'impossible. Yann Lecam, mon meilleur ami, ne murmure, sous ses avis, qu'une seule recommandation « Réinvente-toi chaque seconde et étonne-nous ! ». Gisèle Gemayel, ma fidèle assistante, se régale à la perspective d'un risque, d'une intrépidité, d'un déplacement inattendu. Parfois, je me soupçonne de n'être qu'un rêve porté par d'autres rêves.

L'enfant vit en moi. Il a été conservé, écouté, entretenu, magnifié. Souvent, les personnes qui passent quelques heures en ma compagnie s'exclament que, malgré mon physique dense, tout en épaules et en muscles, je suis un enfant. Je prends leur surprise pour le compliment ultime.

S'il réussit sa vie, l'adulte devient le fils de l'enfant qu'il fut.

Aujourd'hui, je suis mon fils.

Enfin.

Et maintenant que je suis devenu mon enfant, j'espère l'être pour toujours.

Chapitre 1

Le petit Lyonnais

Catherine Lalanne : Le 28 mars 1960, vous ouvrez les yeux en haut d'une colline, Sainte-Foy-lès-Lyon. De votre balcon familial situé au quatrième étage, la vue sur la capitale des Gaules est imprenable. Grandir sur un promontoire participe-t-il à forger un regard distancié sur l'existence ?

Éric-Emmanuel Schmitt : Je suis né spectateur. Sous mes pieds, Lyon déroulait ses toits, tel un tapis de tuiles rouges. J'habitais à Fourvière, la colline qui prie, que surmonte la basilique pointue de Notre-Dame ; à gauche s'étageaient les pentes roses de la Croix-Rousse, la colline qui travaille. Devant moi, deux cours d'eau musardaient avant de se rencontrer et de s'unir, le fleuve Rhône et la rivière Saône ; en flirtant, ils découpaient une fine presqu'île assaillie par les péniches et les mouettes. Plus loin, après les puissantes cheminées industrielles aux fumées hallucinantes, s'étendait la plaine du Dauphiné que bordaient les lignes douces des monts et coteaux du Bugey qui dessinaient des contreforts d'un vert profond. Par temps clair, je pouvais discerner les crêtes neigeuses des Alpes, voire le Mont-Blanc ! En tout cas, j'en étais persuadé… Avant même de tenir sur mes jambes, je contemplais le monde avec autant d'avidité que je mangeais, en ogre.

Pour le petit garçon qui, d'abord assis, se dressait ensuite fièrement debout, pieds écartés, une main agrippée à la balustrade, l'autre contenant l'ours en peluche, l'univers se concentrait en Lyon. Sa magnificence s'admirait de haut. Depuis mon promontoire, j'apprenais beaucoup pour l'avenir : le cadre, le recul, le besoin de synthèse, le goût du général, l'amour du détail. Quand mes yeux se relâchaient, je rêvais, et soudain l'horizon mouvant, infini, inaccessible, occupait ma pensée. Sans extrapoler, je suggère que le dramaturge, le philosophe, le romancier que je suis résultent de ce balcon de l'Avenue Valioud. Ce hasard m'a inoculé le virus de l'élévation. Cinquante-cinq ans plus tard, où que je sois, j'éprouve le besoin de rejoindre le point de vue des oiseaux, de surplomber les évènements. À Bruxelles où je réside, mon bureau se niche au dernier étage ; ma ferme fortifiée du Hainaut possède une tour de guet qui me permet de voir les champs à des kilomètres à la ronde et j'écris dans le donjon. Un auteur a besoin de dominer les situations et ses personnages pour tisser la trame de son récit. Tout comme il va me falloir remonter en enfance, prendre de l'altitude, pour tresser avec vous, Catherine, les liens qui relient le gamin d'hier à l'artiste d'aujourd'hui.

Revenons au balcon. Vous abandonnez bien votre poste de guet pour fréquenter vos semblables !

Dès que je quittais ma vigie en renonçant à ma solitude, les autres, en bas, me regardaient comme un étranger. Les adultes me posaient des questions bizarres :

– D'où viens-tu ? De qui descends-tu ? me demandaient les habitants du quartier, étonnés par mon visage basané de Martiniquais, mes yeux bridés d'Asiatique, mes gros muscles d'athlète caucasien.

– Je viens de chez mes parents et je descends du troisième étage !

Telle était ma réponse invariable, un brin insolente, qui dépitait mes interlocuteurs.

Rassurez-vous, leurs interrogations ne me minaient pas. Je m'amusais de constater que mon corps racontait manifestement une autre histoire que celle qu'on m'avait inculquée. Les « grands » m'identifiaient à un métèque. À leurs yeux, j'étais le fruit d'un triple métissage, mêlant la Martinique, le Vietnam et le Caucase, bref je débarquais d'ailleurs. Très vite, je me suis approprié cet ailleurs ; il devint mon territoire imaginaire, mon espace de liberté. J'y demeure toujours. Sans doute ai-je pris la plume pour l'explorer.

Écrire me permet de laisser parler l'étranger intime en moi, ou les étrangers… Ces étrangers qui sont peut-être mes ancêtres, peut-être mes fantasmes, peut-être les fantasmes qu'ont entretenus les autres sur moi. Loin de cet ailleurs intérieur, exotique, métissé, je me sens en exil.

Pourtant, matériellement, je suis un pur croisé de Lyonnais par ma mère et d'Alsacien par mon père. Rien de tropical !

L'esprit de tolérance qui imprègne votre œuvre romanesque trouve-t-il sa source dans ce premier malentendu ?

Ce quiproquo a d'abord aiguisé mon sens de l'humour et ma propension à tourner les commentaires en dérision ; il a développé aussi mon indulgence vis-à-vis de crispations nationalistes ou raciales. Tôt, je devine que les identités sont problématiques, complexes. S'en tenir aux apparences, à une seule couche pour définir un être paraît faux ; il faut de toute évidence creuser davantage. Mais, même en creusant, dissipe-t-on le mystère ? Au lieu de me fragiliser, de me faire douter de ma filiation, ces soupçons sur mon ascendance me rendent attentif au comique des situations et me dotent d'une vraie légèreté existentielle : être d'ici ou d'ailleurs, né à Lyon ou dans les îles, peu importe, cela reste aléatoire... Je conclus que ces hasards ne doivent pas être pris gravement et surtout pas m'empêcher de vivre. Apparaître un étranger aux autres ne constitue pas une tragédie ! Au fond, je m'estime très lyonnais, c'est-à-dire de plusieurs époques à la fois.

Que voulez-vous dire ? Ne vous considériez-vous pas de votre siècle ?

Les siècles, je les traverse chaque matin en allant à l'école. Une fois que nous nous installons à Écully dans une vaste maison que mes parents ont fait construire, je parcours des kilomètres pour gagner le Lycée Saint-Just, à Fourvière, un imposant bâtiment du 19e siècle qui abrita le grand séminaire. Lorsque la micheline me dépose à la gare du Vieux Lyon, j'emprunte les rues médiévales, je longe les somptueuses demeures Renaissance, je contourne l'amphithéâtre romain. Sous l'esplanade de mon lycée sommeille une citerne romaine ; quand le jardinier plante des bégonias, il déterre des sesterces. J'habite en même temps Lyon et Lugdunum. Et si je lève les yeux, je distingue au loin la tour de la Part-Dieu, un gratte-ciel en béton furieusement moderne. Ce mille-feuille historique s'imprime dans mon jeune esprit et le forme. Adulte, je n'éprouverai pas de difficulté à naviguer entre les siècles, à me situer à l'époque de Jésus dans ***L'évangile selon Pilate*** ou dans ***La femme au miroir*** à placer mes héroïnes en trois ères différentes, Bruges au temps de la Renaissance, la Vienne impériale de Freud, Los Angeles de nos jours. Je glisse à travers le temps avec le naturel et la liberté du petit écolier lyonnais.

D'une manière générale, vous avez du mal à coller aux critères de vos contemporains : votre fécondité d'écrivain ne trouve pas sa place dans notre époque.

Autrefois, écrire généreusement ne constituait pas un problème. Aujourd'hui, un romancier prolifique complique la vie de son éditeur qui n'a plus le temps de rentabiliser ses livres, de la presse qui le soupçonne de bâcler, du monde du marketing qui ne peut pas communiquer sur son « retour » puisqu'il occupe sans cesse la scène littéraire. Dumas, Colette, Maupassant, Simenon n'avaient pas à se justifier d'écrire sans discontinuer que je sache ! Et que dire de Victor Hugo ? Un pommier est fait pour produire des pommes, ne pensez-vous pas ? Il me semble anormal que des considérations médiatiques et commerciales prennent le pas sur la création.

Le succès aidant, j'ai imposé mon rythme d'écriture. Mais je me retiens encore… Dans un autre siècle, on aurait jugé légitime que j'aie cinq ou six romans dans la tête, dix pièces et trente nouvelles. On m'aurait même applaudi de faire courir sans répit ma plume sur le papier ! Or je suis né en France au 20e siècle, une étrange contrée à un moment particulièrement comique de son histoire, les années 60.

Que reste-t-il en vous de cette décennie débordante d'audace et de vitalité ? Qu'est-ce qui faisait vibrer le petit garçon que vous avez été ?

La sortie du futur album d'Astérix ! Dans les années 1960, alors que la France avait été constituée par des vagues d'immigration, nos professeurs nous enseignaient que nos ancêtres étaient les Gaulois — toute communauté se crée autour de mythes, pas autour de vérités, il faut l'accepter. Chaque printemps, j'attendais, comme des millions de lecteurs, le nouvel album des irréductibles Gaulois… Nous, les enfants des années 60, nous nous croyions gaulois avant d'être français. À six ans, je supposais que le général de Gaulle dirigeait la France, parce qu'il s'appelait « de Gaulle » ; dans mon esprit, sa légitimité ne venait pas des urnes mais de son nom, de sa souche. Cette généalogie imaginaire convenait à notre génération. Dans les années 70 qui voyaient les églises se vider et la société délaisser le catholicisme, se penser gaulois, c'était faire l'économie du christianisme — ce que souhaitaient tant d'intellectuels — et en finir avec le corps agonisant du Christ pour retrouver la vitalité du corps jouisseur, du corps paillard, la gauloiserie si vous préférez...

J'habitais donc le pays d'Astérix et de la potion magique. Nous étions plus menus, plus sales, plus bordéliques, plus braillards que les autres peuples, nous disaient Goscinny et Uderzo, cependant nous savions résister à l'envahisseur. D'ailleurs, je ne sais quel druide de la publicité allait lancer ce slogan, après la crise pétrolière : « En France, on n'a pas de pétrole mais on a des idées ». Nous nous sentions fiers, soudés, sûrs de nous. Il n'y a pas de véritable cohésion nationale sans orgueil collectif, sans une culture du milieu qui fédère en s'adressant à tous. L'essor économique se prêtait à cette estime de nous-mêmes : le progrès technique, du travail pour chacun, l'émancipation des femmes, les avancées médicales... Même la lune ne nous résistait pas !

Je me souviens de l'été 1969... Je passais mes vacances à la campagne, dans l'Ain, chez mes grands-parents maternels. Ma cousine Christine et moi avions neuf ans. Ce soir-là, toute ma famille, comme la vôtre j'imagine, regardait à la télévision les images de l'homme qui marchait sur la lune. Les adultes, enthousiastes, ouvraient des bouteilles de champagne. Christine et moi ne comprenions pas leur excitation. L'idée nous était trop familière : dans les livres, les bandes dessinées, les films, les terriens avaient déjà colonisé l'espace ! Tintin, le capitaine Haddock, les Dupont et Milou n'avaient pas attendu Neil Amstrong ni Apollo XI pour fouler le sol lunaire…

Avec Christine, je faisais l'aller-retour entre le salon et le jardin, entre la lune de l'écran et celle du ciel : elles ne se ressemblaient pas.

– Tu les repères, toi, les astronautes ?

– Ce n'est pas leur ombre, là-bas en haut ? me demandait Christine qui se persuadait de les voir.

– Où se sont-ils posés ? On devrait apercevoir la navette et les cosmonautes !

Je n'étais pas du tout convaincu. Plutôt déçu. Les séquences télévisuelles me paraissaient pauvres par rapport à l'importance que l'on donnait à l'évènement : floues, imparfaites, elles semblaient factices, le corps d'Armstrong devenant transparent, l'éclairage se révélant épouvantable, l'ensemble manquant de netteté. On aurait dit un mauvais effet spécial, un trucage raté. Le vrai avait l'air moins évident que le faux auquel j'étais habitué. À l'instar de la vie qui paraît parfois moins réelle qu'une scène de théâtre.

Décor, dialogues et situations sonnent plus juste sur les planches que dans la rue. Au fond, le dramaturge d'aujourd'hui répare la déception de l'enfant d'hier. Il jouit de l'artifice.

Cette leçon de vie a-t-elle fait son chemin dans vos livres ?

Bien sûr. Rien ne m'agace plus qu'on brandisse la « sincérité » comme une valeur en littérature ! Et derrière la « sincérité », « l'objectivité » ! La promotion des « faits », du « vécu » m'irrite. Certains y décèlent une plus-value : « l'auteur a vraiment vécu ce qu'il raconte, c'est réel, ça sue, ça saigne. » Quelle naïveté ! Si on lit Homère, Balzac, Dickens ou Proust à cette aune, on les chassera du panthéon. Je détecte là l'ombre que fait le journalisme à la littérature. Une obscurité très contemporaine... Selon moi, peu importe que les faits aient eu lieu : dans un livre, la réussite découle de l'art, pas de la réalité. Que l'histoire soit inventée ou effective ne modifie pas son intérêt. Ne confondons pas un roman et une attestation sur l'honneur ! La seule chose qui compte aux yeux du lecteur, c'est que le récit se montre passionnant, riche, nourrissant. L'authenticité relève non de la source autobiographique, mais de l'investissement d'une âme tout entière dans son écriture — cœur, sensibilité, imagination, intellect, mémoire, corps. Un écrivain de fiction n'est pas un menteur, plutôt un créateur : il s'affranchit du réel pour fabriquer une réalité. Parfois, cette réalité renvoie à la sienne ; parfois, cette réalité largue les amarres.

Chapitre 2

Le petit-fils du sertisseur

Catherine Lalanne : Vous m'avez confié que votre grand-père avait été votre modèle dans la vie. Que vous a-t-il appris de si important ?

Éric-Emmanuel Schmitt : Mon grand-père François fut le roi de mes premières années. Il y régna sans partage. Je l'admirais autant que je l'aimais. Artisan joailler sertisseur, il m'a transmis son regard attentif sur le monde, l'attachement au travail. Aussi joueur que sérieux, il se montrait à la fois espiègle et sage. La joie l'habitait. Pour ses petits-enfants, il concoctait des histoires captivantes peuplées de monstres et de personnages imaginaires. En notre compagnie ou celle des animaux, il passait l'après-midi à quatre pattes en dépit de son âge. Très farceur, il cachait nos peluches ou bien nous attendait derrière une porte, au fond d'un placard, afin de nous surprendre. Contagieux, il répandait l'allégresse autour de lui. Mais l'amusement n'empêchait pas le discernement. Sa parole se révélait toujours signifiante et ses silences en disaient long. Avec des phrases courtes, compréhensibles, il énonçait des pensées profondes, réchauffées à la lumière du cœur. Modeste, peu conscient de l'intelligence de ses propos, il partageait avec nous son expérience. Quoique doué pour les études, il exerçait son métier solitaire depuis l'âge de quinze ans. Son rayonnement venait de sa rigueur : il n'acceptait que le travail bien fait. Il fabriquait ou réparait les bijoux, polissait l'or, enchâssait les pierres précieuses, tâches qui exigeaient concentration, silence, minutie, prédilection pour le détail. Je le revois avec son épais tablier de cuir sur ses genoux récupérant la poussière d'or qui était tombée des bagues et colliers durant la journée ; précautionneusement, il glissait ces particules dorées dans un tube en verre. « Papère, m'exclamais-je chaque fois, tu perds ton temps, il n'y a rien dans ta pipette ! » « Tu verras… », répondait-il en souriant. Il est mort à soixante-six ans et ma grand-mère toucha une retraite de veuve d'artisan, soit la moitié de rien. Or Papère, patiemment, avait coulé six lingots en une vie. Mamie a vécu plusieurs décennies grâce à cette poussière d'or récoltée chaque soir.

Votre goût du bel ouvrage vient-il de lui ? Vous polissez vos phrases comme votre grand-père artisan façonnait ses bijoux.

L'écriture comprend deux moments : le moment de l'artiste, le moment de l'artisan. Je crée d'abord d'un geste, d'un souffle, et pose l'œuvre entière sur le papier sans m'arrêter. Puis, une fois l'enfant né, je lui fais sa toilette et m'en occupe : là, je deviens mon grand-père, penché sur l'objet dix à seize heures de suite, immobile, sans fatigue. Il m'a légué la patience de la passion. Je peaufine mes phrases avec le soin minutieux qu'il portait aux bagues, aux colliers, aux broches, aux boucles d'oreilles qu'on lui confiait.

Comme lui, j'ai le goût de la finition et du minuscule : je rabote, je lime, j'épure, je fignole, je fais briller. Comme lui, je demeure seul face à l'ouvrage, sans besoin de sortir de chez moi ou de consulter les autres. Mon atelier reste à domicile. J'écris dans ma chambre-bureau comme lui qui avait installé son établi dans l'immense cuisine. J'aime penser que je l'imite, ou que je lui succède, espérant laisser, moi aussi, un peu de poussière d'or qui servira un jour aux miens.

En plus du labeur adoré, il m'a inculqué la responsabilité des êtres que j'aime. Beaucoup de pépites pour un grand-père, vous ne trouvez pas ?

Quelle relation entreteniez-vous avec ce grand-père ? Ce premier lien avec une personne âgée fonde-t-il votre regard dénué de préjugés sur le grand âge ?

Il croyait en moi, son unique petit-fils, arrivé après deux petites-filles, vif, collé à ses basques. Quoique peu crédule, je souscrivais aux histoires qu'il inventait pour me distraire. Il sentait ma singularité, devinait mon potentiel, et répétait à ma mère « Celui-là, si les petits cochons ne le mangent pas, il ira loin ». En souvenir de lui, dans mes romans, je brise le cliché sur les personnes âgées. Je leur restaure leur vitalité et j'attribue des rôles clefs à un épicier philosophe dans *Monsieur Ibrahim et les fleurs du Coran* ou à une retraitée visiteuse d'enfants malades dans *Oscar et la dame rose*. Ces deux vieillards, qui ont beaucoup à donner grâce à leur expérience, sauvent deux gamins du désespoir.

Le regard de notre société sur l'âge me scandalise. Vieillir, ce n'est pas se racornir, c'est grandir. Les années n'anéantissent pas le cerveau de nos aînés, bien au contraire ! Franchi un certain seuil, ils bravent le qu'en dira-t-on, ils filent droit au but, larguent les amarres, se risquent à la vérité. Quelle merveille, pour un romancier, des personnages devenus tellement eux-mêmes qu'ils survolent les tabous, les convenances, la bienséance, la bien-pensance, osant proférer ce qu'ils croient et se moquant d'être jugés. Grâce à mon grand-père, l'âge m'a toujours paru un garant de la liberté.

La vieillesse possède à mes yeux une deuxième qualité : la fragilité. Comme l'enfance, elle s'avoue vulnérable, et, par là même, devient intelligente. Rien ne rend plus sot que l'illusion de la force, l'illusion de la puissance, l'illusion de savoir.

Enfin, l'enfance et la vieillesse me semblent des périodes philosophiques. Pour cette raison, dans plusieurs de mes contes, j'ai aimé lier des jeunes et des anciens, Momo et Monsieur Ibrahim, Oscar et la Dame Rose, Joseph et le Père Pons, Jun et le maître du sumo, lesquels méditent sur le sens de l'existence. Une manière de poursuivre la conversation avec mon grand-père...

Cela fait longtemps que vous avez quitté l'atelier de l'enfance, mais votre grand-père veille sur votre épaule, tel un ange gardien. Il a inspiré les dialogues de sagesse de vos livres, dîtes-vous, peut-être aussi certains de vos personnages. Monsieur Ibrahim et Momo, c'est lui et vous ?

Mon grand-père n'était ni épicier ni musulman, mais il possédait l'humanité et la sagesse de Monsieur Ibrahim. Il savourait la litote, la discussion pudique qui exprime indirectement les émotions ou l'affection. Quand Ibrahim affirme à Momo : « L'homme vit dans deux endroits, son lit et ses chaussures », la maxime vient de mon grand-père. Il avait une façon souriante d'appréhender l'existence, je ne l'ai jamais entendu se plaindre. C'était un individu positif et gai, un philosophe formé à l'école de la vie, un vrai bienveillant. Il me protégeait et il m'apprenait la joie, comme Monsieur Ibrahim à Momo. Sa simplicité valait toutes les morales. Du côté maternel comme du côté paternel, je descends de milieux modestes. Être l'écrivain du plus grand nombre, le dramaturge qui n'exclut personne, ni par son vocabulaire ni par ses références inutiles, revient à honorer mes origines, à remercier ceux qui m'ont expliqué l'essentiel : on n'écrit bien qu'avec le cœur.

Et vos parents, votre père champion de boxe et votre mère de course à pied ? J'imagine que ces deux sportifs de haut niveau vous ont transmis eux aussi le goût de l'effort.

Le goût de l'effort oui, pas le goût de l'activité sportive ! Florence, ma sœur aînée, a hérité de leur appétit pour les exploits physiques, moi j'ai pris le contrepied de ces parents sportifs en privilégiant l'étude et la culture.

D'abord, je n'ai jamais été habile de mon corps — si je ne savais pas jouer du piano, je m'estimerais même totalement nul. Ma maladresse a provoqué une mésaventure durant mon enfance. Je courais en serrant mon cochon d'Inde contre moi et je suis tombé sur le ventre : l'animal périt. Marqué par ce crime involontaire, coupable de ma brutalité, je suis resté convaincu de ma gaucherie et, aujourd'hui encore, je tremble quand je tiens un bébé dans mes bras.

Puis j'ai toujours préféré les planches aux pistes. Les unes ne bannissaient pas les autres pour mes parents, assez complets, dont la tête fonctionnait aussi bien que les muscles. Ma mère, championne de France de sprint et professeur d'éducation physique, était férue de théâtre. Mon père, boxeur universitaire, montagnard passionné qui exerçait le métier de kinésithérapeute et enseignait avec ferveur sa discipline, adorait la littérature. Chacun d'eux prisait l'effort soutenu, l'engagement total qui mène à l'accomplissement. Même si je ne transpire pas dans les gymnases et que mon seul sport quotidien consiste à marcher longuement avec mes chiens, j'écris corps et âme. Prendre la plume n'est pas une simple activité du cortex, mon être entier — esprit, cœur, muscles — s'implique dans cet acte créatif. À tel point que lorsque je rédigeais l'an dernier *La nuit de feu* — récit de mon expérience spirituelle au désert —, j'ai tellement vibré, trépidé, souffert, exulté, que mon corps, perclus d'émotions, de douleurs, de souvenirs concrets, a failli imploser. Mes proches affolés, craignant un incident cardiaque, m'ont conduit à l'hôpital. Un livre qui vous débarque aux urgences, on peut dire que c'est du sport !

Pour en revenir à mes parents, ils se sont fréquentés sur un stade et ne se sont jamais quittés. Quand mon père, paralysé par un accident vasculaire cérébral, fut condamné à vivre sur un fauteuil roulant, ma mère l'a poussé sans faiblir durant quinze ans. Elle l'a soigné jusqu'au bout avec le même dévouement que son père sertisseur conservant la poussière d'or pour assurer les vieux jours de son épouse. S'ils ne m'ont pas transmis de penchant pour le sport, ils m'ont sensibilisé à la responsabilité de ceux que j'aime.

Cette mère et ce père aimants ont-ils permis chacun à leur manière à vos talents artistiques de grandir ?

Mon père était un anxieux. Quand, jeune écrivain découvert par la critique, j'ai été consacré par le public, cela a changé le rapport de certains journalistes à mes œuvres : ils détestaient ne plus compter, réprouvant que je « tutoie » le public sans eux. Comme vous le savez, par une aberration propre à notre pays, certains Français n'aiment pas le succès et le suspectent ; ils sautent du faiseur de rois au coupeur de tête. J'ai alors reçu quelques papiers fétides, aussi idiots qu'abusifs. Chaque fois qu'il en paraissait un, mon père sombrait dans la mélancolie ou la fureur. Je devais le rassurer, lui rappeler que la boue qui éclabousse le manteau sèche d'elle-même et finit par tomber. Mais naïf, candide, épris de justice, incapable de déceler la jalousie ou la rancœur dans ces sarcasmes, il respectait trop le monde de la culture pour que ces virulentes attaques ne l'ébranlent pas. Fils d'immigrés alsaciens qui maltraitaient le français, il portait leur souffrance et leur rêve d'intégration. Il avait réussi, il avait été le premier Schmitt à parler sans accent, le premier Schmitt à décrocher le baccalauréat, il dirigeait l'École de kinésithérapie dans la Faculté de médecine lyonnaise, il s'était imbibé des auteurs classiques, des contemporains majeurs, et habitait l'étage noble de la langue française. Chez nous, on ne disait pas « Je m'en fous ! », mais « Peu me chaut… » Quand, dans la cour du collège, j'ai envoyé cette formule à mes camarades qui venaient des HLM de la Duchère, j'ai compris à leurs regards interrogatifs que l'expression paternelle puait le musée. Du coup, j'ai vite saisi les divers niveaux de langue. « Une bête sue, un homme transpire et une femme a chaud ». Je dois à mon père le goût immodéré des mots. Lui qui avait eu une sensibilité de gauche, se laissait emporter par les majestueux discours gaullistes. Je le revois devant la télévision frémir de plaisir littéraire en écoutant les interventions du Général. À ses yeux, la langue représentait le sésame social. Quand la chaîne unique diffusait une pièce classique par la troupe de la Comédie française, nous dînions en toute hâte, nous nous lavions les mains, nous nous habillions comme si nous sortions à l'opéra avant de nous poser dans les canapés. Mon père aurait aimé composer des romans policiers, je crois. Pourquoi ne l'a-t-il pas fait ? Par quelle faillite intime ? Ce père si dévoué à sa famille, époux intransigeant, draconien dans son métier de kinésithérapeute, demeurait un colosse fragile, accablé par des désirs inassouvis, voyages lointains et écriture. Pourquoi freinait-il ses élans intérieurs ? Qu'est-ce qui paralysait cet homme solide qui passait ses journées à retaper le corps de ses patients ? Le sens du devoir ? La prudence ? La crainte de ne pas être à la hauteur ? Je termine plausiblement les livres qu'il n'a pas osé commencer. Quand j'ai publié mon premier texte, il m'a dit, « Vas-y, ne rate pas ta vie comme moi, suis ton chemin ». Autant il a souffert des articulets hargneux sur mes ouvrages, autant il s'enorgueillit des récompenses que j'ai reçues. Lorsque l'Académie française me décerna en 2001 le Grand prix du théâtre pour l'ensemble de mon œuvre, il est venu de Lyon, diminué par la maladie, assister à la cérémonie sous la coupole. Ce jour-là, j'ai raffolé du faste et de la pompe, j'ai eu l'impression que la Garde nationale ne roulait du tambour que pour lui ; ce jour-là, j'ai eu le bonheur de rendre mon père heureux. Je réalisais son rêve d'écriture et d'ascension sociale. Il était comblé.

Opposé à lui comme le soleil à la lune, Jeannine, ma mère, est une femme joyeuse, à la fois artiste et cartésienne, entreprenante et réfléchie, moqueuse et respectueuse des honneurs, dotée de force intérieure et d'indépendance d'esprit. Un problème dans la famille ? On venait la trouver. Je luis dois ma carrière de dramaturge car elle adore les arts vivants, théâtre, musique, opéra, danse. Aujourd'hui encore, je considère attentivement sa critique, intelligente et pertinente, sur mes pièces ou sur celles que nous voyons ensemble chaque été au Festival d'Avignon. Elle a l'œil incisif et vise juste !

Elle n'a pas eu à se forcer pour m'escorter sur la voie créatrice. Elle-même, pendant ses loisirs de professeur, appartenait à une troupe de danse baroque — très précurseur dans les années 60 — que nous allions parfois applaudir. Elle se produisait en tournée à l'étranger... Je me souviens d'un de ses spectacles en 1971 à Berlin. Pour que je l'accompagne, elle m'avait déniché un petit rôle. J'incarnais un page, montreur d'ours. Dans le stade construit par Hitler pour les jeux de 1936, je promenais fièrement le plantigrade — en réalité, une grosse dame allemande revêtue de fourrure. Quand nous ne fréquentions pas les théâtres, elle m'emmenait déguster les chorégraphies de Maurice Béjart et de Roland Petit. Elle m'a tant donné le culte de la scène qu'elle inspire sans conteste mon acquisition du Théâtre Rive Gauche.

Je suis un double héritier : l'attrait pour la langue française vient de mon père et la passion des arts vivants vient de ma mère.

Vos parents se sont montrés très stimulants. On a l'impression, à vous entendre, que le farniente n'existait pas chez vous.

Vous avez raison. L'inoccupation était bannie. On ne se reposait pas dans ma famille. J'ai toujours vu ma mère, mon père, ma sœur actifs. Et moi aussi… Je ne sais pas ouvrir la bouche et buller.

« Fais en sorte d'être tellement bon qu'on ne puisse pas te refouler », voilà le précepte que serinait mon père lorsque nous avions des examens ou des concours. « Tu ne proviens pas d'une famille dont le seul nom t'assure la réussite, tu dois triompher par toi-même », ajoutait-il. « Ton vrai rendez-vous, c'est la copie anonyme ».

La copie anonyme ?

Comme je la regrette, parfois, cette copie anonyme qui rythmait examens ou concours ! Souvenez-vous : nous inscrivions nos coordonnées sur le haut de la page, lequel était ensuite plié, puis collé, afin que le correcteur ignore quel élève il évalue. Cet anonymat me bénéficiait. Pendant ma scolarité, j'ai provoqué des réactions fortes chez mes professeurs : si la plupart m'appréciaient, certains ne me supportaient pas. Ceux-là me saquaient sans vergogne ! Cela dura jusqu'à Normale Sup, rue d'Ulm ! Si Jacques Derrida agit avec moi en maître merveilleux, attentif, humain, encourageant, motivant, j'ai affronté deux chargés de cours féroces, voire haineux… Pourquoi ? Je ne l'ai jamais su. Mon air dilettante, peut-être… Mes facilités, sans doute… Ou le délit de sale gueule, mon aspect métis ? Heureusement, lorsqu'arrivait le moment de la copie anonyme, j'obtenais enfin la note escomptée toute l'année ! Il me manque, cet anonymat qui remet les pendules à l'heure et dissout les idées reçues…

Romain Gary, subissant les préjugés de certains sur son œuvre, se risqua à inventer Emile Ajar. N'avez-vous jamais songé à publier anonymement ou sous un faux nom ?

Pourquoi accorderais-je tant d'importance à des gens qui ne s'intéressent pas à mon travail ! Voilà un combat trop égocentré. Je rejette l'énergie négative, celle qui vise à anéantir ses détracteurs ; je préfère continuer à m'entretenir avec mes amis.

Romain Gary s'est vengé sous le nom d'Emile Ajar, certes, mais cette revanche l'a rongé, s'ajoutant aux causes de son suicide. Je perçois la volonté de se faire aimer à tout prix de tous comme une faiblesse. Il y a un bon et un mauvais orgueil : le mauvais veut conquérir toutes les louanges, le bon néglige quelques sifflets. Le mauvais orgueil nous aliène à un adversaire de hasard, pas choisi, parfois sans valeur, tandis que le bon nous permet de tracer notre route. Le mauvais orgueil emprisonne, le bon libère.

Cette conviction s'est-elle forgée dans votre enfance ?

Si ma mère m'accordait un amour inconditionnel, quoi que je fasse — elle me visiterait au pénitencier —, je sentais bien que l'amour de mon père posait, lui, ses conditions. « Je t'aime si tu te comportes correctement. Je t'aime si tu travailles. Je t'aime si tu tires le maximum de tes capacités. Je t'aime si… » Cette dureté m'a d'abord choqué, mais j'y repère aujourd'hui un principe architectural fort sain. On doit nous aimer pour de bonnes raisons, pas de mauvaises. On nous aime parce que nous sommes aimables, pas parce que nous sommes. L'amour se mérite.

Chapitre 3

Le lecteur insatiable

Catherine Lalanne : Vous souvenez-vous du premier livre que vous avez lu ? Et du sentiment qui vous a envahi ?

Éric-Emmanuel Schmitt : Pour moi, la découverte de la lecture fut d'abord tragique. J'avais cinq ans et ma grande sœur Florence me lisait des albums en me tenant contre elle, assis sur ses genoux. J'adorais ces moments d'intimité : à l'abri de ses bras, mon esprit s'enfonçait dans les feuilles et s'évadait vers de nouvelles contrées. Un jour, alors qu'elle me narrait pour la première fois *Tintin et le lotus bleu*, elle s'est trompée de mot en énonçant une bulle. Je lui ai signalé son erreur.

– Comment le sais-tu ? m'a-t-elle demandé, stupéfiée.

– C'est marqué là ! ai-je répondu innocemment.

Elle m'a rabroué avec violence : « Tu sais lire, sale menteur ! »

Outrée, elle s'estimait trahie, ridicule. Si je pouvais déchiffrer les pages, je n'avais plus besoin d'elle !

En jetant l'album au loin, elle me repoussa sur le tapis.

– Désormais, tu liras tout seul ! Je ne gaspillerai plus mon temps avec toi.

La porte claqua.

Les heures qui suivirent, je demeurai désorienté, ignorant si j'avais mal ou bien agi car, d'un côté, ma sœur fulminait toujours en me traitant de sournois, de l'autre, mes parents se rengorgeaient de ma précocité. Trop tard, Florence ne me pardonnait pas ! J'avais détruit notre connivence. Je perdais, hélas, une sensationnelle conteuse, ainsi que le statut privilégié d'auditeur voluptueux, mon corps collé au sien. Cette bévue me condamnait à la solitude.

Après cette querelle, je restais longtemps circonspect vis-à-vis des livres. Pour défier Florence qui avalait les opuscules des collections rose puis verte, pour me venger aussi, je décrétai, après un *Oui-Oui et le taxi jaune* commis par Enid Blyton, une romancière pour enfants très prisée en ce temps-là, que je boudais les livres. Il faut avouer que les stupides tribulations de ce nain guilleret et de son automobile m'avaient laissé de marbre.

Tel devint mon discours officiel : je n'aime pas lire ! En réalité, je me délectais de bandes dessinées — Astérix notamment — qui présentaient l'avantage de ne pas appartenir au rayon filles.

À quel âge le virus de la lecture s'empare-t-il de vous ?

J'ai huit ans. Nous venons de quitter notre appartement de Sainte-Foy-les-Lyon car mes parents ont fait construire une maison à Écully, village situé à l'orée de Lyon. Je me retrouve isolé au milieu des prés, privé de mes copains d'immeuble. Autour de moi, quelques chantiers épars trouent les champs pour ériger des villas. Comment occuper mes journées sans personne avec qui jouer ?

Un après-midi, écœuré d'ennui, souffrant de réclusion, je me dirige vers le bureau de mon père. Sa bibliothèque contient des collections luxueuses. Je saisis un bel exemplaire relié, un vrai livre de garçon qui sent bon le cigare et la pipe, *Les Trois Mousquetaires* d'Alexandre Dumas.

Dès les premières lignes, je culbute dans un autre monde, fasciné, bouleversé. À travers Athos, Porthos, Aramis, d'Artagnan, je découvre la variété de la nature humaine, quatre façons d'être un homme. Épousant le sort de chacun d'eux, je vis leurs aventures comme un moment intime de mon existence. J'enchaîne les tomes. Après mille pages, la mort d'Artagnan au siège de Maastricht dans *Le Vicomte de Bragelonne* m'abat : je vis mon premier deuil, et il est littéraire.

Très vite, je comprends, en disciple de mon père, que je vénère la langue française. À l'école primaire, comme je boucle mes devoirs avant mes camarades et que je les distrais, madame Poggi, une institutrice de haut vol, me confie l'armoire à livres, dont je deviens responsable. Ma tâche ? Vérifier que les volumes restent en bon état ! En fait, comme ils sont parfaitement plastifiés, je passe mon temps à bouquiner, ce qui assure la tranquillité à la classe. En cours comme à la maison, je plonge dans les classiques, sautant la case des livres pour enfants. Je broie les pages comme un forcené, je dévore tant qu'on doit m'inscrire dans plusieurs bibliothèques de prêt pour satisfaire mon appétit : *Le comte de Monte Christo*, *Les misérables*, *Notre Dame de Paris*, *Le petit Prince*, les romans de Jules Vernes, *Sherlock Holmes*, *Hercule Poirot*, *Arsène Lupin* — de ce dernier, j'invente d'ailleurs un épisode à onze ans.

Vous signez votre premier roman à onze ans ?

La première fois comme la dernière, on écrit le livre qui nous manque. Ayant terminé la série de Maurice Leblanc dont j'idolâtrais le héros, Arsène Lupin, cet homme élégant, hors-la-loi, subtil, chevaleresque, capable de revêtir toutes les apparences, je ne pus me résoudre à abandonner cette figure ; j'ouvris donc un épais cahier rouge à spirale, je gribouillai sur la page « Une nouvelle aventure d'Arsène, par Éric-Emmanuel Schmitt, éditions Le colibri » et je commençai à rédiger mon histoire. Quoique mes goûts aient évolué depuis, j'écris toujours le livre que j'aimerais lire.

Ouvrir un ouvrage, sentir la présence de l'auteur, son univers, est-ce déjà une expérience formatrice ?

C'est un voyage aussi passionnant qu'instructif. J'appris par contagion à poser des personnages en leur cadre, à reconnaître le style d'un auteur, à entendre la musique intérieure d'un énoncé, ses sons, ses silences. Car ce qui vibre dans le récit passe de ce qui est dit à ce qui n'est pas dit. Chaque grand texte établit un dialogue secret entre l'audible et l'inaudible, le visible et l'invisible, le tu et le formulé. Je formais mon oreille et ma plume. La lecture se révélait un prodigieux jardin d'écriture ; chaque livre semait en moi une graine qui allait germer et éclore.

Monsieur Ibrahim et les fleurs du Coran débute par la phrase « À treize ans, j'ai cassé mon cochon et je suis allé voir les putes », je ne m'égare pas en descriptions inutiles des lieux ou des anatomies, je préfère suggérer les traits de caractère et les émotions du jeune Momo afin de piquer l'attention du lecteur et de le mettre en mouvement. Poser le ton, tel le compositeur qui dessine l'armature sur sa portée avant de tracer notes et soupirs… À l'instar de la musique, l'écriture se sculpte sur le silence.

À onze ans, quasi au même moment que l'écriture d'un Arsène Lupin, vous entendez Cyrano de Bergerac au théâtre. Là, votre vie bascule.

Les acteurs parlaient en vers ; autant que le décor, leurs phrases offraient un spectacle. D'emblée, je me sentis dans un lieu merveilleux, allégé de la pesanteur, délivré de la lourdeur de la réalité. L'artifice et les conventions me rendaient libre. Je m'identifiai à Cyrano dont pourtant, à onze ans, j'étais l'opposé. Un garçon choyé qui ne doutait pas d'être aimé s'initiait à la compassion. Moi qui n'avais pleuré que sur mon sort, même lors du décès de mon grand-père, j'ai versé aux Célestins mes premières larmes altruistes, expérimentant l'altérité et la fraternité humaine. Le lendemain, maman m'acheta le livre, je le déclamais dans ma chambre et rejouais mille fois le dernier acte.

Rapidement, il me fallut dégoter d'autres textes, apaiser ma fringale, combler mon imagination avide. J'explorai alors une deuxième bibliothèque, celle de ma mère, située dans la salle de jeux. Les petits classiques Larousse me tendaient les bras. Bientôt Corneille, Racine, Beaumarchais et Victor Hugo n'eurent plus de secrets pour moi. À douze ans, j'avais déjà épuisé tout Molière. J'en discutais avec maman, nous échangions nos jugements sur les personnages que nous affectionnions, nous commentions voire interprétions ensemble nos scènes préférées.

De son côté, mon père possédait les œuvres complètes de Shakespeare en poche, traduites par le fils de Victor Hugo. Je dévorais les tragédies historiques, *Macbeth*, *Hamlet*, *Le roi Lear*. Quand, au repas du soir, j'arrivais en retard parce que j'avais voulu finir le drame qui me captivait, je me justifiais en citant le titre de la pièce, persuadé que mes parents, connaissant par cœur ce chef-d'œuvre, me tiendraient pour quitte. Invariablement, ils prétendaient que je forgeais un faux alibi ; je devais donc, pour me rendre crédible, leur raconter l'intrigue. Et me voici relatant *Édouard III*, *Richard II*, *Richard III*, *Henri IV*, *Henri V*, *Henri VI*, *Henri VIII*. À l'issue de mes explications enflammées, ils se taisaient en souriant, ce qui me semblait la preuve que j'avais réussi l'épreuve. Des années plus tard, ils confessèrent n'avoir jamais ouvert ces recueils de Shakespeare. J'ai mieux compris, rétrospectivement, leur mutisme !

Quels sont les auteurs de votre adolescence ?

À partir de seize ans, à côté des écrits sensuels de Maupassant ou de Colette dont je ne me suis jamais lassé, je me mis à raffoler des essais, contes et romans philosophiques, Pascal, Montaigne, Voltaire, Diderot, Sartre, Camus. Je consommais presque un livre par jour.

Même si je travaillais peu pour les cours, mon niveau de français et de rhétorique, nourri par mes lectures, devenait excellent.

Le soir, dans mon lit, je parcourais les dictionnaires — j'en garde le goût — et j'étudiais scrupuleusement notre manuel scolaire, Lagarde et Michard. Le prenant comme torche pour éclairer le paysage littéraire, je compulsais ensuite les œuvres qu'il mentionnait. Un seul contemporain m'envoûtait, Julien Green, dont je connaissais tout, des romans au Journal en passant par l'autobiographie : son sens aigu de l'altérité mystérieuse correspondait au mien.

Enfin, l'été de mes dix-huit ans, sitôt la dernière épreuve du baccalauréat effectuée, je tournai le dos à l'examen, exténué, et ne mémorisai pas la date des résultats. Une lecture acheva de me détourner de l'attente, *La recherche du temps perdu*. En ce mois de juin 1978, Proust remplit mes journées ; le choc s'avéra si fort que je me retirai du monde pour séjourner dans le sien.

Le lundi où l'on affichait les résultats, je n'y songeais plus, immergé dans *Albertine disparue*. Le mardi, je fus réveillé par le téléphone : mes grands-mères, oncles et tantes me félicitaient pour ma mention « Très bien » qu'ils avaient repérée dans *Le progrès*, quotidien lyonnais publiant traditionnellement les listes de l'académie du

Rhône. En même temps que de mon score, je m'avisai de l'attitude de mes camarades, lesquels n'avaient pas pris la peine de me prévenir la veille.

La joie d'avoir réussi se teinta d'amertume : je mesurai mon isolement. Ainsi, notre complicité de plusieurs années ne résistait pas à la jalousie. Si personne n'avait cru que j'avais oublié la date — je reconnais que cela paraît invraisemblable —, aucun ne m'avait appelé pour autant. Je conceptualisai la différence entre amitié et camaraderie : la camaraderie tient aux situations partagées tandis que l'amitié existe en dehors de celles-ci. La camaraderie se nourrit d'égalité, l'amitié d'exceptionnel. Plus à l'aise chez Swann ou la Comtesse de Guermantes que dans ma propre vie, j'y retournai aussitôt.

Les auteurs classiques vous accompagnent-ils encore aujourd'hui ? Est-il possible d'être un lecteur quand on fait profession d'écrire ?

Les classiques demeurent une précieuse compagnie, mais je ne les fréquente plus en simple lecteur car je suis écrivain. Même s'il m'arrive d'être happé par l'histoire et de redevenir le bibliophage adolescent, ces plages d'innocence se montrent rares. Je me comporte en artisan qui consulte un autre artisan !

Une chose n'a pas changé : je lis allongé. Selon les heures, j'utilise tous les lits, divans, canapés de la maison.

Mon imagination voyage mieux à l'horizontale. Je peux m'assoupir un instant et reprendre la lecture au paragraphe où je l'ai laissée.

Membre du jury Goncourt depuis janvier 2016, vous allez désormais devoir côtoyer vos contemporains. Une mini-révolution pour le lecteur de classiques que vous êtes depuis l'enfance.

Quelle révolution salutaire ! Je suis ravi de briser mes habitudes, de me pencher sur d'autres styles que ceux que je chéris. Alors que ma plume s'est repue de culture européenne classique, française, italienne, allemande, je dépiste avec bonheur chez les romanciers contemporains des influences diverses — américaine, sud-américaine, africaine... Par comparaison, je perçois où je me situe. J'ai développé une écriture classique, musicale mais discrète, qui n'attire pas l'attention sur elle, qui adhère aux humeurs des personnages et s'efface devant l'histoire. Un choix risqué, au fond, car les gens remarquent davantage l'excentricité que la sobriété. Le bagout affriande plus que la mesure, le chic que l'élégance.

Avez-vous toujours écrit ainsi ?

Non, jeune, j'ai beaucoup fait le clown. Mon excuse ? J'étais doué ! Enivré par les pouvoirs de ma plume, j'imitais. Un jour Colette, un jour Chateaubriand, un jour Marivaux, un jour Sartre, un jour Mauriac, un jour Pagnol, un jour Daudet, un jour Racine, un jour Guitry, un jour Duras… Cela divertissait ma famille et mes amis, de sorte que j'avais coutume de concocter des compliments d'anniversaire en forme de pastiche. Les musiciens sont familiers de ce genre d'exercice car, pendant leurs études, on exige d'eux des « à la manière de ».

Seulement, à force de reproduire les voix, je me demandais avec une inquiétude croissante quelle était la mienne. Ma voix… Je ne l'ai découverte qu'avec le temps.

Jugez-vous les auteurs en fonction de votre esthétique et de vos goûts personnels ?

Surtout pas ! Ni à travers mon esthétique ni à travers ma philosophie. Je pense même que je suis plus ouvert à une littérature étrangère à la mienne qu'à une littérature qui chasserait sur mes terres. Comme disait le dramaturge Alphonse Allais quand il voyait au théâtre les œuvres de ses collègues : « Si c'est mauvais, je m'emmerde. Si c'est bon, ça m'emmerde. »

Êtes-vous certain que vous pouvez renoncer à vos exigences en lisant les autres ?

Pas certain, non… Mais je m'y efforce. J'admets de multiples manières d'écrire du moment qu'il s'agit bien d'écriture. Ce qui m'irrite, c'est l'absence d'écriture ou l'excès d'écriture. Excès d'écriture ? Souvent le défaut du débutant qui veut impressionner ou du paresseux qui cherche une prompte reconnaissance critique. Ceux-là pratiquent l'épate, l'esbroufe, la surenchère. L'auteur qui accroche systématiquement deux adjectifs à chaque nom m'agace autant qu'un décorateur qui pendrait deux pompons à tout objet. Quand l'auteur coud des termes inusités à une syntaxe relâchée, j'ai envie de crier qu'il ne suffit pas de se laver le museau pour être propre. Si l'auteur n'emploie qu'un vocabulaire soutenu, je ricane devant son ridicule. L'absence d'écriture ? Elle affecte une vaste partie de la production éditoriale. Répétitions, pauvreté et monotonie syntaxique, pénurie de verbes… Lorsqu'un auteur multiplie les *être, avoir, faire* et accumule les *il y a*, j'appelle mes amis pour leur proposer de piocher dans son stock si jamais ils en manquaient. L'horreur pour moi consiste à parcourir un auteur sans oreille musicienne — phénomène fréquent — ou pire encore, un sourd qui croit composer de la musique en martelant les mots et en frappant des rythmes grossiers, tel un enfant qui malmène un tambour ! Dans ces cas-là pourtant, je me tais, car j'ai constaté à travers les années que nous ne sommes pas si nombreux à entendre la mélodie de la langue.

À qui le petit garçon qui aimait tant lire dédie-t-il son entrée à l'académie Goncourt ?

Si j'étais entré à l'Académie française, j'aurais dédié cette élection à mon père, éternel inquiet, jamais rassasié d'honneurs. Mais l'élection à l'académie Goncourt, je la dédie à ma mère, fervente admiratrice des contemporains, toujours tournée vers autrui. L'entrée dans ce club prestigieux de lecteurs bénévoles n'indique qu'un objectif : déceler l'écrivain prometteur puis saisir le roman des promesses tenues. Jeune, j'ai eu la chance d'être distingué, encouragé par de grands artistes. À mon tour aujourd'hui de braquer les projecteurs sur les talents émergents. Si l'Académie française flatte l'ego, l'académie Goncourt stimule l'altruisme.

Chapitre 4

L'enfant musicien

Catherine Lalanne : Enfant, vous étiez passionné de musique et rêviez de devenir compositeur.

Éric-Emmanuel Schmitt : Très tôt, la musique prend de la place dans ma vie. De moi-même, j'écoute les disques classiques ou folkloriques de mes parents. Au salon trône un piano droit, vétuste, que torture ma sœur aînée, un meuble que je contourne avec crainte ; mais, à 8 ans, après avoir entendu ma tante Aimée le toucher romantiquement, je réclame d'apprendre. Rapidement, mon professeur décèle une sensibilité, une oreille fine doublée d'une honnête mémoire auditive, ainsi que de la passion. À ma mère, j'explique que je ne me contenterai pas d'accompagner oncles et tantes qui poussent la chansonnette le dimanche, je veux créer des univers sonores, composer ! Pendant l'adolescence, je confectionne des morceaux que j'interprète devant mes amis, ma sœur, mon professeur. À l'époque, j'écris également mes premières pièces de théâtre, des romans, pastiches, des pages « à la manière » des auteurs que je dévore, mais je ne nourris alors d'ambitions que pour la musique.

Mes études relèguent cette intention au second plan. Au collège, par malheur pour mes aspirations musicales, je me révèle doué. Dès la sixième, je collectionne d'excellentes notes sans le moindre effort, ce qui me vaut des inimitiés à la récréation, et des conflits avec certains professeurs qui me reprochent de m'ennuyer en face d'eux. Discernant qu'il faut stimuler mes capacités, ma mère me sort de ce collège d'Écully où je végète et m'entraîne en quatrième au lycée Saint-Just dans lequel elle enseigne le sport. Enfin un lieu dans lequel je n'ai plus honte d'être bon. Je ressuscite ! Mon professeur de français-latin-grec, M. Barnay, soupçonne mon potentiel et me donne des rédactions supplémentaires à la maison. Une autre agrégée, Mme Langeron me forme au commentaire littéraire, puis Mlle Desforges, lisant mes premières nouvelles, prédit que je trouverai mon salut dans l'écriture. Face à mes talents naturels de plume, ces adultes bienveillants m'encouragent vivement et ignorent que la musique demeure ma quête. Je me cramponne à mon piano et entre en solfège au conservatoire de Lyon dont je suis les cours jusqu'en Supérieur… Mais mon destin est scellé : les lettres ont gagné la course contre les notes, le sens l'emporte sur le son, je choisis le dicible plutôt que l'indicible.

Et pourtant votre âme musicienne ne demande qu'à vibrer. L'adolescence avive ce feu intérieur.

À 15 ans, je traverse une passe difficile. Je souffre de quitter l'enfance sans pour autant devenir un homme. Ma morphologie se transforme et le miroir me renvoie une image déconcertante. Adieu mes rêves ! Hier encore, je m'imaginais filiforme, séduisant, subtil, mais l'inconnu costaud qui s'impose à moi enterre ces possibles. Je m'enferme des heures dans la salle de bains, manie bruyamment les robinets pour convaincre que je me lave ; en réalité, je m'observe sous toutes les coutures et doute désespérément de mon apparence.

Face au miroir, je prends conscience que ce corps étranger est aussi celui qui, un jour, mourra. Cette révélation m'anéantit. Pourquoi apprivoiser cette enveloppe de chair imparfaite si elle est programmée pour vieillir, pourrir et disparaître ? L'angoisse, le spleen me submergent. Je squatte l'infirmerie du lycée : un matin j'ai la fièvre, le lendemain des palpitations, l'autre soir je m'évanouis. Alertés, mes parents s'inquiètent et me mènent chez le médecin. Rien à faire, je reste maussade, fermé, mutique et me comporte en martyr, ne souhaitant partager avec personne mon lugubre diagnostic. En fait, je pratique le nihilisme sans le savoir. La détresse me ravage tant que je songe à en finir. J'envisage ma sortie de scène, évidemment nourrie par mes lectures. Le suicide de Sénèque qui s'ouvre les veines dans sa baignoire me tente. Mon sang coulera sans douleur et je partirai en douceur… Or l'idée qu'on découvre nu ce corps auquel je n'arrive pas à m'habituer diffère l'exécution. C'est dans cet état d'esprit désespéré que j'assiste, avec mes camarades, à une répétition des *Noces de Figaro* à l'opéra de Lyon.

Adieu votre projet de vous couper les veines. Mozart vous irrigue et vous ranime !

Pourquoi abandonner un monde habité par une musique si sublime ? Alors que mon regard macabre juge sévèrement la salle délabrée et la peinture écaillée du théâtre, que je dédaigne la dame pathétiquement sanglée dans un costume inachevé, une voix claire et puissante jaillit de sa bouche, s'enroule autour de moi, me caresse et m'émoustille. Chanter métamorphose la cantatrice en femme ensorcelante, à la poitrine ronde et palpitante. Moi qui détestais mon corps l'instant précédent, je le sens tout entier exulter et faire l'amour aux notes. Je suis suspendu au timbre de la soprano ; je renais à la beauté, à l'affection, car je devine que la cantatrice parle du plaisir, de la chaleur d'amants qui s'éloignent et s'attirent. Je suis guéri et ne pense qu'à une chose : me régaler à nouveau de ce morceau, revivre ce moment d'extase. De toute urgence, je persuadai mes parents de réserver des places pour le spectacle.

Vous veniez d'écouter l'« Air de la comtesse » dans Les noces de Figaro. *Comment votre oreille n'a-t-elle pas reconnu Mozart auparavant ?*

Mozart s'est présenté avant moi à notre rendez-vous. Je n'étais pas prêt. J'appréciais Mozart, je déchiffrais ses sonates au piano, j'avais adoré son ballet *Les petits riens* que ma mère dansait avec une troupe, mais je n'avais ni les yeux ni l'esprit totalement ouverts. J'éprouvai donc un coup de foudre à retardement ! Quand, une semaine après la répétition, j'ai assisté en famille aux *Noces de Figaro*, j'ai fondu en pleurs durant le chant de la comtesse alors que ma mère et ma sœur préféraient les airs de Chérubin. Un Chérubin qui me ressemblait comme un frère d'ailleurs, égocentrique, dévoré de pulsions et incapable de passer à l'acte. À son instar, j'aspirais à embrasser autre chose que mes lèvres dans le miroir. Quelques années plus tard, j'oublierai les émois amoureux de Chérubin pour me reconnaître dans l'avidité sensuelle de don Juan.

Désormais, Mozart ne vous quitte plus.

Malheureusement, je lui ai infligé beaucoup d'infidélités entre 20 et 30 ans. À Normale sup notamment, où j'ai posé à l'érudit brillant, à l'esthète moderniste qui ne fréquente que l'Ircam de Pierre Boulez et les concerts d'avant-garde. Mozart n'appartenait pas aux références élitistes. Par snobisme ou conformisme intellectuel, je l'avais lâchement gommé de mon catalogue. Je l'évitais probablement pour m'éviter moi-même, jusqu'à ce soir de Noël 1986 où il m'a rattrapé au détour d'une rue… J'avais frénétiquement dépensé ; fier de moi et de tous mes cadeaux, je m'apprêtais à m'engouffrer dans un taxi quand un chant m'a happé. C'était l'*Ave Verum Corpus*. Les larmes ont surgi de mes yeux. Saisi par la mélodie suave et recueillie, je me suis immobilisé sous la neige, indifférent à mes pieds gelés, à mes paumes sciées par le poids des paquets. En m'approchant de la chorale, j'ai réalisé avec stupéfaction que ces voix pures émanaient de visages ridés, que ce chant frais, candide, angélique était porté par un groupe aux cheveux blancs. Je me trouvais à Lyon, sur le parvis de Saint-Jean, un bâtiment que je n'avais même pas remarqué car il n'y a rien à acheter dans une cathédrale ! Soudain, la grâce de Mozart me redonnait le véritable objectif de Noël. Alors que, depuis le matin, je tâchais de compenser mon égoïsme et mes absences avec des présents onéreux, il m'enseignait la gratuité de l'amour. La fragilité de ces vétérans me ramenait à ma propre vulnérabilité ; leurs voix unies, mêlées, me rappelaient l'importance de la fraternité. Dans la froidure de l'hiver, Mozart m'incendiait d'humanité. À partir de ce jour, je ne l'ai plus renié. Il m'a soutenu partout, à l'hôpital, au chevet d'amis fauchés par le sida. En 1994, lorsque j'ai vu mourir D., la femme que j'avais aimée d'amour, le chagrin m'a tellement dévasté que je suis demeuré sec, sans émotions, et que j'ai perdu la mémoire, la mémoire de notre couple, la mémoire de ce que nous avions vécu ensemble. Sans doute mon esprit me protégeait-il d'une souffrance trop intense… Mozart m'a rendu mes souvenirs et les larmes, deux ans après, en m'envoyant l'adagio d'un concerto pour violon ; délicatement, il m'a pris par la main et m'a conduit sur le chemin du deuil, de l'acceptation. « Réjouis-toi de ce qui a été au lieu de regretter ce qui n'est plus », voilà ce qu'il me chuchotait.

Cette dette de jeunesse envers Mozart envahit toute votre œuvre. Vous ne cessez de l'honorer dans vos livres, vous montez des spectacles pour universaliser sa musique.

Mozart accompagne ma vie dont il est à la fois le magicien — il me signale la poésie des êtres — et le guide spirituel — il m'initie à une sagesse heureuse. Quel professeur de tendresse ! Jusqu'à mon souffle ultime, je n'aurai de cesse de le remercier. Par attachement à lui, à l'existence et à mes prochains, j'essaie de le rendre le plus contagieux possible. En 2005, juste avant le 250e anniversaire de sa naissance, j'ai rédigé *Ma vie avec Mozart*, publié en même temps dans neuf pays. C'est un curieux essai épistolaire comprenant un CD : j'adresse des lettres au compositeur, il me répond par des morceaux. Moi qui me livre peu, j'ai confessé le secours qu'il m'avait apporté. Cet ouvrage qui entremêle ses sentiments et mes réflexions a rencontré massivement le public de la France au Japon, en passant par des nations hautement mélomanes telles que l'Allemagne, l'Autriche, l'Italie et la Pologne…

Puis j'ai grimpé sur scène, à Bruxelles, à Montréal, à Lyon, pour adapter ce texte en spectacle. Sous sa dernière mouture, en compagnie du chef Philippe Fournier, de chanteurs, d'un chœur et de l'orchestre symphonique lyonnais Confluences, j'y ai récité pendant des années mon propre rôle, flanqué d'un jeune acteur qui m'incarnait adolescent, une soirée qui, à la fin, faisait lever l'auditoire dans tous les opéras ou les philharmonies où nous l'avons présenté. J'ai aussi traduit en français *Les noces de Figaro* et *Don Giovanni*, écrit des nouvelles où Mozart pointe son nez, et je mûris une pièce que je lui consacrerai.

Mon but s'avoue autant existentiel que culturel. Introduire à Mozart, certes, mais surtout guérir par Mozart, réconforter par Mozart, convertir à la joie par Mozart. L'art nous aide à vivre.

Raconter comme lui des histoires qui élèvent et font du bien, c'est un peu votre profession de foi d'écrivain. N'avez-vous pas secrètement pris la plume pour mettre en mots sa musique ?

Je n'y avais pas pensé en ces termes et je crois que vous avez raison. D'ailleurs, rien ne m'émeut davantage qu'un lecteur qui m'annonce que je joue dans sa vie le rôle que Mozart a joué dans la mienne.

Wolfgang Amadeus Schmitt ?

Un jour, j'ai commis un petit texte. J'y disais que ma mère avait accouché de jumeaux : Éric et Emmanuel. D'après les astrologues qu'elle avait consultés, l'un était destiné à devenir écrivain, l'autre musicien. L'un d'eux se noya, mais on ne sut pas lequel.

Vous plaisantez ?

On baptisa le survivant Éric-Emmanuel, lequel ne fut jamais certain de sa vocation. Aujourd'hui encore, le rescapé s'interroge. Musique, littérature… S'est-il trompé ? A-t-il endossé le destin de l'autre ?

Cette fable exprime votre dilemme.

L'écrivain que je suis est habité par la nostalgie du compositeur que je n'ai pas été. S'il m'arrive de passer une journée sans écrire ou sans lire, je ne la termine pas sans écouter de la musique. « Écouter », c'est-à-dire faire le vide en moi, le vide de moi, pour me laisser envahir. J'entretiens une conversation constante avec la musique, l'art que je place au-dessus de tous les autres. Avec Mozart d'abord, mais aussi avec Schubert, Bach, Beethoven, Chopin, Bizet, Debussy, Messiaen… Je cherche leurs notes sous ma plume, je leur offre mes phrases à l'occasion d'une chanson ou d'un opéra. Oui, j'invente des livres pour qu'on entende mieux la musique.

Votre style limpide et accessible est-il inspiré par la musique de Mozart ?

Mon écriture doit beaucoup à la fréquentation de Mozart, à son économie de moyens, à sa sobriété, à sa stratégie de la litote, à son amabilité, à sa capacité à rester lumineux jusque dans les zones obscures, à son art d'utiliser le moins de matière pour obtenir un maximum d'effets… Mon écrivain préféré est un musicien ! J'ai pétri mon processus créatif de son exemple. Quand j'élabore une phrase, je la pense avec mon esprit mais j'extrais son humeur de mon cœur et la fais résonner dans mon corps. Je produis mon texte comme un musicien sa mélodie, en me servant de mon instrument charnel et en veillant à la vibration sentimentale. De plus, je perçois mon écriture sur fond de silence, je constitue une partition où les mots doivent retentir, la syntaxe onduler, la pulsation varier, les pauses respirer. Je soigne le rythme. Affectionnant les termes courts de deux syllabes, si j'en insère un plus long, je le pose sciemment pour casser la cadence. Je vérifie continuellement mes pages à l'oreille. Quand on me cite à haute voix, j'absorbe mon attention dans le contour musical : si ça sonne bien, je soupire de soulagement. Mes lecteurs fidèles le devinent, les interprètes de mes pièces me le répètent, ainsi que mes amis musiciens, de Michel Legrand à Éric Tanguy ou Nicolas Bacri : si on change un de mes mots, ma phrase boite.

Allez-vous jusqu'à composer vos récits comme ses opéras ?

Des formes musicales tournent dans ma tête. Ainsi dans *La femme au miroir*, plusieurs femmes d'époques différentes tissent successivement leur thème jusqu'au contrepoint final. Dans *La nuit de Valognes*, trois héroïnes narrent leur rencontre avec le séducteur Don Juan : l'air passe d'une bouche à l'autre comme dans un trio. Dans tous mes récits, j'enchaîne scènes et chapitres de façon musicale, pas seulement dramatique ou intellectuelle, jouant sur l'alternance des rythmes et des tempos : *allegro, andante, lento*. Ainsi, dans *Monsieur Ibrahim et les fleurs du Coran*, quand le jeune Momo va chercher un petit cadeau pour la prostituée, le tempo correspond à *presto* : « Je suis rentré en courant à l'appartement, je me suis rué dans ma chambre, j'ai regardé autour de moi ce que je pouvais offrir de plus précieux, puis j'ai recouru dare-dare rue de Paradis, la fille était encore sous le porche… je lui ai donné mon ours en peluche. » À l'intensité de cette scène succède une séquence ralentie, *largo*, pour permettre au lecteur de reprendre sa respiration : « C'est à peu près au même moment que j'ai connu monsieur Ibrahim. Monsieur Ibrahim avait toujours été vieux. Unanimement, de mémoire de rue Bleue et de rue du Faubourg-Poissonnière, on avait toujours vu monsieur Ibrahim dans son épicerie, de huit heures du matin au milieu de la nuit, arc-bouté entre sa caisse et les produits d'entretien, une jambe dans l'allée, l'autre sous les boîtes d'allumettes, une blouse grise sur une chemise blanche, des dents en ivoire sous une moustache sèche, et des yeux en pistache, verts et marron, plus clairs que sa peau brune tachée par la sagesse… » et la phrase s'enfle aux dimensions d'un paragraphe.

Si votre écriture était une musique, à quel genre appartiendrait-elle ?

C'est une écriture scandée qui mêle le court et le long, qui multiplie les tempos, une écriture qui emploie les formes de la composition musicale avec reprise et variation du thème tout au long du récit, une écriture orale qui goûte la discontinuité que pratique l'opéra, une écriture qui se gonfle et se tait, alterne le bruit et le silence pour capter l'attention du lecteur ou du spectateur. Je suis les traces de Mozart, ce sens inné de la dramaturgie qui suspend le souffle des foules.

L'écrivain-musicien que vous êtes devenu console-t-il le petit garçon qui rêvait de composer ?

Je fais mon or de ma frustration musicale en composant mes livres comme des morceaux. Cependant, je me tâte toujours : Ai-je commis une erreur ? N'ai-je pas raté ma vie ? Ne devrais-je pas m'occuper uniquement de musique ? Ce matin même, je me suis réveillé avec le désir de tout arrêter pour m'adonner à la composition… Très douloureux.

Si Méphistophélès, le ministre de Satan, apparaissait et me proposait d'effacer tout ce que j'ai déjà écrit pour devenir l'auteur d'un air de Mozart ou d'un prélude de Chopin, je lui dirais « oui » aussitôt.

Sans hésiter ?

Sans hésiter ! Heureusement que je ne crois pas au diable…

Chapitre 5

Le dramaturge précoce

Catherine Lalanne : Vous m'avez confié au début de l'entretien « Au théâtre je suis chez moi ». Que vouliez-vous dire ?

Éric-Emmanuel Schmitt : N'oubliez pas que je suis né sur un balcon — la colline de Fourvière — avec le monde à mes pieds, ce qui me prédestinait à le déguster comme une scène ! Plus sérieusement, c'est dans un théâtre que mon cœur se mit à battre pour un autre.

Battre pour un autre ?

Sur le perron des Célestins, ma mère nous déposa, ma grande sœur et moi, tickets en poche, en nous promettant de nous récupérer trois heures après. Dans une salle bondée, une ouvreuse revêche nous installa au premier rang, ce qui agaça Florence : « Les acteurs, on leur comptera les trous de nez et on recevra leurs postillons ! » Avant même que le rideau ne se lève, j'étais fasciné. Par quoi ? Par le rideau justement, une toile tendue sur laquelle on avait dessiné un volumineux velours, gonflé de plis, serti de broderies dorées, serré par des embrasses en perles. Ce subterfuge me sembla misérable et fastueux, misérable car le relief manquait, fastueux tant le trompe-l'œil donnait l'illusion de riches drapés.

Puis le rideau s'envola vers les cintres, dévoilant un décor de toiles peintes. De nouveau, mon attention s'attacha aux détails : si je croyais à la profondeur des lieux, le moindre claquement de porte déclenchait des vagues sur les panneaux en révélant leur platitude. Le pic fut atteint au deuxième acte, lequel se déroulait chez un traiteur : là, sous une soupente en poutres anciennes pendaient des jambons en carton. Ils m'ensorcelèrent ! En une même seconde, ces jambons oscillaient entre le vrai et le faux ; sitôt que je les considérais comme authentiques, vu leurs formes et leurs couleurs, ils m'apparaissaient factices par leur légèreté creuse ; puis dès que je les estimais truqués, ils avaient l'air véridiques. Bref, je subissais le charme de l'artifice, ce balancement constant du vrai au faux. Grâce aux jambons en carton, j'adoptai le théâtre, ce séjour où la réalité demande l'aide de l'imagination pour devenir consistante. Le théâtre avait besoin de moi, car ce trompeur ne peut abuser qu'un trompé consentant. Je jouissais de détenir un rôle.

Et la pièce ?

L'intrigue me captiva. Le flamboyant Cyrano se juge incapable d'inspirer la passion ! Lorsqu'il comprend que Roxane préfère le bellâtre Christian, il dissimule son dépit et se met au service de son rival, ce Christian aussi ravissant que balourd ; à sa place sous le balcon nocturne, Cyrano prononce des phrases d'amour et, depuis les champs de bataille, écrit de sublimes lettres. Pendant le siège d'Arras, Christian tombe au combat, Cyrano survit. Vingt ans après, Roxane avoue à son vieil ami qu'elle a oublié les traits de Christian, mais qu'elle a retenu chaque mot de ses missives. Agonisant, Cyrano découvre que Roxane l'a chéri. Trop tard, il meurt.

Si, au début, j'avais ri des facéties de Cyrano, au fur et à mesure que le drame s'enténébrait, je luttais contre mon émoi. Puis je n'y tins plus, des sanglots me secouèrent.

Quelles larmes insolites… Si fortes et si douces… Pour la première fois, je ne pleurais pas sur moi mais sur un inconnu. Enfant qui ne doutait pas d'être aimé, je quittais mon point de vue, m'affranchissais de mon égoïsme, compatissais avec un étranger ; j'éprouvais le chagrin et la pitié dont parle Aristote, ou plutôt le chagrin de la pitié. Voici le nom de ces larmes : les larmes altruistes, les larmes philanthropiques. Saisi par une fraternité inattendue avec un personnage d'un siècle lointain qui ne me ressemblait pas, j'élargissais mon aire de sympathie.

Quand le lustre se ralluma, je pensais que tous les spectateurs — et ma sœur en premier — allaient se moquer de mon visage ravagé. Or, lorsque je m'enhardis jusqu'à lever les yeux autour de moi, je n'aperçus que têtes penchées, paupières bouffies et nez rouges.

Cette découverte me rendit euphorique. Non seulement ces larmes m'avaient modifié, mais je les avais partagées avec huit cents adultes. Entraîné par la foule vers la sortie, je me jurai que je reviendrais le plus tôt possible dans cet endroit magique.

Votre vocation se révéla donc dès la première fois ?

Ma mère nous attendait dans le hall et s'attendrit devant nos mines bouleversées. Elle s'agenouilla pour me serrer dans ses bras.

– Alors, cela t'a plu ?

– Oui. Beaucoup. Je veux faire ça plus tard.

– Quoi, ça ?

– Faire pleurer tout le monde.

– Tu veux faire acteur, comme Jean Marais ?

Elle me rappelait que son idole, le comédien Jean Marais, l'amant du poète Jean Cocteau, venait d'interpréter Cyrano.

Je remuai négativement la tête, me tournai vers l'affiche, la déchiffrai et précisai :

– Je veux faire Edmond Rostand.

Avez-vous éprouvé d'autres enthousiasmes semblables ?

C'était mon défaut, je fonctionnais ainsi : après une exposition de peinture, je m'emparais de pinceaux ; à l'issue d'un concert, je réclamais d'apprendre tous les instruments ; en quittant une salle de cinéma, je me rêvais réalisateur. Admiration et imitation, telles étaient mes deux ressorts. Dès que le hasard m'offrait l'occasion de créer, je la saisissais. Petit, j'appréciais déjà tellement les longs métrages de Walt Disney que je fabriquais des films avec la caméra de mon père. Plus tard, quand j'ai épuisé les aventures d'Arsène Lupin, j'ai inventé la suite à la manière de Maurice Leblanc !

C'est pour ressentir ces merveilleuses émotions que vous vous mettez à écrire des pièces de théâtre ?

Je devinais qu'avant d'aboutir à une œuvre telle que Cyrano, il fallait beaucoup s'exercer. Alors pour assouplir ma plume, je me livrais avec fougue à des pastiches, en particulier de Molière, de Feydeau, de Guitry, de Victor Hugo. J'écrivais « à la manière de » et je jouais mes saynètes en famille. Cela stagnait au niveau de la blague. En revanche, tout changea en classe de seconde.

Au club théâtre du lycée, nous venions de monter l'*Antigone* d'Anouilh ; alors que notre professeur hésitait sur la prochaine pièce à interpréter, je lui ai proposé d'apporter la semaine suivante un texte de ma création. À bien y réfléchir, je pense que je m'étais lancé ce défi pour m'obliger à me jeter à l'eau. Coincé par ma suggestion, contraint de fournir quelque chose qui tienne la route afin de ne pas perdre la face, je m'enfermai… Huit jours plus tard, je revins avec le premier acte de *Grégoire ou pourquoi les petits pois sont-ils verts ?*, inspiré par la lecture d'Obaldia, de Vitrac et de Ionesco. Grégoire posait de façon métaphorique et surréaliste la question de l'identité sexuelle à des adultes fuyants ou stupides qui enquillaient les lieux communs. J'avais profité de l'exercice pour transformer mes problématiques du moment en « art ». Je m'étais attribué un rôle ; je campais Ray Burton, beau gosse dont les femmes raffolaient ; on en parlait durant toute la pièce, on l'espérait, et, quand il arrivait enfin, il déclarait pompeusement : « Soi-même. » Le public attendait un personnage charismatique et un crétin absolu surgissait. L'effet comique fonctionna. Aux saluts, lorsque la salle nous acclamait, enthousiaste, j'étais si heureux que je présageai qu'il me faudrait écrire, encore et encore, pour revivre cette communion.

Vous souvenez-vous de votre première représentation dans un vrai théâtre ?

Ma première « première » ! J'étais émerveillé, tel un enfant devant un sapin de Noël et, dans le même temps, j'éprouvais le sentiment d'avoir trouvé ma place. Seize ans étaient passés entre les représentations de *Grégoire ou pourquoi les petits pois sont-ils verts ?* au lycée Saint-Just à Lyon et celles de *La nuit de Valognes* en octobre 1991 à Nantes puis à la comédie des Champs-Élysées à Paris. Durant cette longue période, je n'avais cessé d'écrire des pièces que je lisais avec mes camarades. Tandis que mes parodies égayaient mes acolytes de la rue d'Ulm, je cherchais mon style en travaillant d'arrache-pied, toujours insatisfait, jamais découragé. Je croyais en mon avenir. La vie allait me faire un cadeau ; or, pour le recevoir, il ne suffisait pas d'ouvrir les bras, il fallait relever les manches. Mes parents m'ont transmis leur déontologie d'athlète : s'entraîner jusqu'à réussir la performance.

À 28 ans, après la soutenance de ma thèse, nommé jeune professeur, je rédigeai *La nuit de Valognes*. Muni désormais d'une éducation sentimentale et philosophique, j'avais compris que le doute et le questionnement conduisaient mon existence. Dans cette pièce, je dévoilais ma vision de Don Juan, un séducteur obsédé par le sexe, préoccupé par la réalisation de ses pulsions égocentriques, ignorant le plaisir partagé, ne soupçonnant même pas le bonheur du lien. Le jeune auteur voulait distinguer le sexe de l'amour, montrer que l'attachement à l'autre, la fascination renouvelée de son mystère n'ont pas grand-chose à voir avec les frottements de peau, aussi agréables fussent-ils. Des années après la création, lors d'un déménagement, je suis retombé sur le manuscrit original de la pièce. En le feuilletant, je me suis rendu compte que j'avais amendé le troisième acte sous l'influence de l'excellent metteur en scène Jean-Luc Tardieu, des acteurs et des producteurs. L'auteur inexpérimenté que j'étais avait cédé à leurs injonctions. Finalement, j'ai conclu que mon original valait mieux que leurs craintes. J'ai donc rétabli le premier jet pour une nouvelle édition et la recréation de *La nuit de Valognes* au théâtre royal du Parc, en novembre 2005, tout en profitant de mon expérience pour toiletter le texte. On peut s'améliorer indéfiniment, mais seul le premier geste compte !

Entre l'écriture de La nuit de Valognes *en 1988 et la mise en scène par Jean-Luc Tardieu en 1991, accompagnée d'une publication chez Actes Sud, trois ans sont passés. Comment le jeune auteur s'est-il fait connaître ?*

Une grande dame a été mon ambassadrice. Je ne l'évoque qu'avec émotion tant elle a compté pour moi : Edwige Feuillère, une magnifique actrice, l'incarnation vivante de l'élégance et de la féminité, vedette des écrans, star des planches. Elle avait créé des auteurs que j'adorais, Giraudoux, Cocteau, Claudel, et j'avais souvent applaudi ses interprétations. Sur les conseils d'un ami, Éric Sanniez, je lui ai envoyé *La nuit de Valognes*. Miracle, elle m'a répondu et, séduite par la pièce, m'a ouvert les portes du théâtre parisien, me choisissant un agent littéraire, appelant elle-même les directeurs. Durant deux ans, nous nous sommes écrit, téléphoné sans nous rencontrer. J'étais si impressionné que je n'osais pas lui proposer un rendez-vous. Un jour, elle a soupiré : « Éric vous ne m'aimez donc pas pour ne pas souhaiter me voir ? » J'ai couru vers elle avec l'impétuosité de mes 30 ans. Nous sommes tombés sous le charme l'un de l'autre, semble-t-il. Jusqu'à la fin de sa vie, j'ai pris le thé avec elle à Neuilly avec le même frisson sacré. Elle me lisait à haute voix des extraits de mes pièces et les commentait, en bien, en mal, avec douceur et autorité. Elle croyait en mon destin et répétait : « C'est épouvantable d'être si doué. Si vous travaillez, vous serez l'auteur dramatique de votre génération. » J'étais porté par sa confiance, son exigence. Si elle me situait si haut, je devais m'y hisser. Elle a veillé sur moi jusqu'à son départ, en 1998. La dernière fois, elle se déplaçait à peine tant elle souffrait, mais sa prestance demeurait ; la main sur le pommeau de sa canne, elle se tenait droite avec l'orgueil d'une femme belle qui n'abdique pas. Elle m'a dit : « Je ne pourrai pas assister à vos débuts aux États-Unis, mais j'ai écrit un texte pour le programme ; ainsi, je serai avec vous quand même. » Cette page contenait bien trop de compliments pour que je l'utilise mais je l'ai précieusement conservée, comme j'ai gardé dans mon cœur notre rencontre littéraire et amoureuse, ce sentiment sublimé, pur, désintéressé qui liait une vieille dame généreuse à un jeune impatient. Edwige m'a accueilli dans le monde qui allait devenir le mien ; porté par sa tendresse, j'ai eu l'innocence de trouver cela normal. Elle fut ma promesse de l'aube.

Après La nuit de Valognes, *le succès vient à vous et ne vous quitte plus.*

La nuit de Valognes me vaut un succès d'estime puis les fiançailles avec un vaste public adviennent dès ma deuxième pièce. En septembre 1993, Gérard Vergez monte *Le visiteur* au théâtre de Paris. La première représentation me panique. Ce spectacle sans vedettes n'attire que deux spectateurs payants, mes parents, au milieu des invités qui garnissent une salle presque vide. La pièce passera-t-elle la rampe ? Comment allécher les journalistes occupés par les blockbusters de la saison ? Je crains le pire mais le bouche à oreille du métier nous sauve, gagnant ensuite le public, puis suscitant l'arrivée des critiques qui s'enflamment. Enfin, les télévisions se décident à débarquer, le journal de TF1 filme un reportage, Bernard Pivot me reçoit à « Bouillon de culture ». Au bout de deux mois, le spectacle affiche « complet » tous les soirs : *Le visiteur* brille comme la pièce qu'il faut avoir vue. L'année suivante, les récompenses pleuvent : trois Molières, ceux du meilleur auteur, de la révélation théâtrale, du meilleur spectacle. Ce triomphe change ma destinée. On me joue à l'étranger, on me publie dans plusieurs langues, une belle carrière internationale commence. J'abandonne l'enseignement de la philosophie et prends le risque de me consacrer à l'écriture.

Comment expliquez-vous le succès de votre œuvre ?

Je ne me l'explique pas. Le succès demeure une surprise. Rien ne m'est dû ni acquis. Si je reste l'auteur de mes livres, je ne deviens pas l'auteur de leur succès. Le public transforme un roman ou une pièce en succès.

Mais encore ?

La modestie et l'ambition ? Modestie des moyens mis en œuvre, car j'écris avec clarté en traquant la simplicité. Ambition du propos, car toute histoire se révèle, pour moi, une fable qui délivre du sens. Au fond, je rejoins la tradition antique, celle des dramaturges qui retravaillent les mythes, même si je peins avec les couleurs de la comédie plutôt que celles de la tragédie. Ma veine humaniste franchit les frontières puisque mes sujets ne s'enlisent pas dans le franco-français. Pourtant, hors Hexagone, on me ressent comme très français, car mes pièces mêlent le sérieux et l'humour, la profondeur et la légèreté. On leur prête cette élégance morale à la française prisée dans le monde. Pour l'Europe, l'Amérique, le Japon, la Russie, nous demeurons le peuple qui se fie au verbe et cherche le sens de la vie. Mes textes font écho à cet archétype de la France. Tout en divertissant, je soumets une réflexion et défends des valeurs. Même mon optimisme métaphysique et existentiel symbolise au loin la culture française, alors qu'en vérité celle-ci se vautre dans le pessimisme depuis des décennies.

Vingt ans après le premier grand succès du Visiteur, *vous rachetez en 2012 le théâtre Rive Gauche. Occuper les planches des autres ne vous suffisait plus ?*

Quand j'ai commencé, il y avait dans Paris une quinzaine de scènes susceptibles d'accueillir mes pièces. *Variations énigmatiques* avec Alain Delon et Francis Huster, *Le libertin* avec Bernard Giraudeau, *Frédérick ou le boulevard du crime* avec Jean-Paul Belmondo, *Petits crimes conjugaux* avec Charlotte Rampling, *Oscar et la dame rose* avec Danielle Darrieux, et beaucoup de mes pièces trouvaient aisément leurs salles. Or ces lieux dédiés au théâtre populaire de qualité ont progressivement disparu au profit du pur divertissement boulevardier, des comiques seuls devant un rideau noir, délaissant les comédies porteuses d'émotions et de questions. Les programmateurs sont devenus frileux. En 2009, des circonstances ont provoqué ma décision. La fondation Anne-Frank m'avait choisi parmi une dizaine de dramaturges à carrière internationale pour instaurer une nouvelle adaptation du *Journal d'Anne Frank* au théâtre. J'avais écrit un texte qui présentait l'adolescente à travers le regard de son père Otto Frank, unique survivant de l'extermination nazie. Revenu à Amsterdam, Otto se rend chaque matin à la gare pour attendre son épouse et ses filles, Margot et Anne. Lorsqu'il apprend leur mort, sa secrétaire lui donne le journal d'Anne qu'elle a ramassé le soir de l'arrestation. Otto découvre sa cadette… Francis Huster avait d'emblée accepté avec ardeur le rôle du père et nous avions assiégé ensemble cinq directeurs de théâtres parisiens qui, tous, déclinèrent le projet. Leurs arguments m'exaspéraient : « Le sujet ? Trop difficile ! La pièce ? Trop sérieuse ! Les Parisiens ? Ils désirent s'amuser. C'est la crise, messieurs, la crise… » J'ai refusé de capituler devant cette médiocrité assumée. En mémoire d'Anne Frank, je n'ai pas plié et j'ai acheté — contre les esprits raisonnables qui me déconseillaient de m'encombrer d'un lieu — le théâtre Rive

Gauche pour monter la pièce. Il y a quelque chose de plus fort que le pragmatisme, les rêves d'enfants ; mêlés aux idéaux de l'adulte, ils ont tenu bon. Anne fut fauchée à la fleur de l'âge, victime de la barbarie du racisme et de l'intolérance ; quand les salles rejetaient son Journal, une deuxième injustice s'ajoutait à la première, comme si sa voix allait être à nouveau étouffée. Je n'ai pas admis qu'on la réduise au silence. En acquérant avec Bruno Metzger ce théâtre privé de quatre cents places, situé à Montparnasse, rue de la Gaîté, au cœur d'un quartier vivant, je me suis endetté, certes, mais je me suis procuré la liberté. Quatre cents fauteuils, cela constitue une jauge ni prétentieuse ni ridicule, laquelle ne nous condamne pas à un vedettariat effréné. *Le journal d'Anne Frank* y a connu un immense succès, prouvant que nous avions raison de parier sur la qualité et le cœur des spectateurs.

Qu'est-ce qui vous touche tant chez cette jeune adolescente juive ?

Anne personnifie la valeur qui me fonde : l'amour irréductible de la vie. Jusque dans la prison de l'annexe, Anne cultive la joie, l'intelligence compassionnelle, l'humour face à l'insupportable, la sensibilité à fleur de peau, le don de l'écriture, l'envie de devenir femme de lettres et comédienne. Si tous les adolescents du monde ont vibré à la lecture de son *Journal* intime et se sont identifiés à ses révoltes comme à ses appétits, moi aussi. Au fond, mon existence ne réalise-t-elle pas ses vœux ?

Le théâtre c'est votre part d'adolescence préservée ?

C'est ma part d'enfance, ma scène de jeu, mon école buissonnière. « On dirait qu'on serait des chevaliers dans un château », murmurent les gamins. Au théâtre cela arrive, car son espace nous libère de l'impossible. En une seconde, la nuit succède au jour, on passe de la Grèce antique au Paris contemporain, les morts se relèvent à la fin pour saluer, l'imaginaire triomphe, la grenade dégoupillée du rêve explose. La troupe crée des compagnonnages aussi fulgurants que fugaces, de solides camaraderies qui durent le temps d'une pièce. Même la beauté glisse, éphémère ; écrire sur scène revient à écrire sur l'eau, rien ne s'imprime sauf dans les mémoires des spectateurs. Et pourtant nous jouons avec urgence, intensité, comme si notre vie en dépendait, comme si le bâtiment allait brûler demain. Autant qu'un jeu, c'est une morale, le théâtre : on vénère le moment, on s'agenouille devant l'instant, on est entièrement présent au présent. Comme les enfants…

Chapitre 6

Le créateur joyeux

Catherine Lalanne : Depuis dix ans que nous nous connaissons, je vous ai toujours vu sourire. Cette joie qui vous habite, c'est un cadeau des bonnes fées sur votre berceau ?

Éric-Emmanuel Schmitt : Comme chacun, j'ai mes peines, mes nostalgies, mes angles noirs, mes gouffres, mais je répugne à les étaler. Ils nourrissent mon œuvre. Avec mes lecteurs, je ne souhaite qu'en partager le résultat : confiance et optimisme.

Deuils, maladies, trahisons, fautes, injustices… Ma joie spontanée, les évènements l'ont attaquée, secouée, corrompue. Or la moribonde a résisté. Mieux, elle s'est affermie. De naturelle, ma joie est devenue volontaire : je la soigne, je la nourris, je la cultive. Ainsi que le rappelle Monsieur Ibrahim, « c'est sourire qui rend heureux ».

J'ai reçu la gaieté en cadeau dès l'enfance, car j'ai grandi au sein d'une famille soudée qui célébrait la vie. Très vite, ce présent s'enrichit d'un second : mes parents m'initièrent à la beauté de la nature. Ces sportifs nous emmenèrent, ma sœur et moi, au cœur de paysages magnifiques ; adeptes de la marche le dimanche, du ski en hiver, de la mer en été, ils nous ont fait parcourir les forêts du Pilat, les massifs des Alpes, les côtes de la Méditerranée. Parfois, je séjournais à Saint-Sorlin, un des villages les plus fleuris de France, proche de Lyon, où mes grands-parents maternels possédaient une coquette maison de campagne dont les murs étaient couverts de roses — un cadre idyllique qui a inspiré le décor d'une de mes nouvelles, *L'empoisonneuse*, dans *Concerto à la mémoire d'un ange*. Quand mon grand-père adoré s'octroyait une semaine de congé, je l'accompagnais au bord du Rhône pour pêcher la truite. Un jour, il tomba dans le fleuve ; alors qu'il ne savait pas nager, il en ressortit, à la stupéfaction de ma grand-mère qui le considéra comme un héros, Hercule après ses douze travaux ! Moi qui avais toujours pratiqué la brasse, je contemplais cette scène avec un étonnement amusé, sentant que ma grand-mère s'emparait de l'occasion pour attester son amour, et mon grand-père pour le recevoir. Je grandis dans ce riche garde-manger de la France où gibier, fruits, poissons, vin abondaient. On ripaillait à la moindre occasion, on multipliait les longues tablées, du côté lyonnais autant qu'alsacien. Gavé de bonne chère et d'affection, j'avançais allègrement dans le monde, entouré de chiens et de chats, lesquels tiennent, dans ma vie, une place presque aussi importante que les humains.

Parlez-moi de votre rapport aux animaux.

J'aime les bêtes et je ne néglige pas que j'en suis une. J'aime les bêtes et je m'attache à elles. J'aime les bêtes et elles me le rendent. Sans fausse modestie, je manie bien le langage animal. Mes chiens ou mes chats voient en moi un interlocuteur agréable. Leur présence m'enchante tant que, aujourd'hui comme jadis, qu'il pleuve ou vente, je sors avec ma meute dans la campagne. Une promenade à leurs côtés me ressource. Le lien extraverbal que j'entretiens avec les animaux participe à me ravir. L'idée de communiquer sans phrases me ragaillardit. Étrange pour un écrivain ? Conscient que les mots peuvent nous tromper, que la langue sert également le mensonge, la relation sensible avec mes chiens m'apporte un gage d'authenticité, une refondation, un retour au lien originel en deçà du verbe.

On imagine toujours qu'on va guérir d'un grand chagrin par une phrase profonde ou par un long discours ; on oublie qu'un regard, une caresse, une présence attentive se révèlent efficaces. Avant même que je m'avise de ma tristesse, Lulu pose sa tête sur ma cuisse pour partager ma peine et Daphnée fourre sa truffe tendre et humide dans ma paume. Leur cœur bat à l'unisson du mien. Cette eau pure et transparente de la relation animale me fortifie. Ce matin à la maison, j'ai commencé ma journée à quatre pattes avec mes trois chiens qui me volaient mes chaussettes, m'entraînaient dans une course-poursuite à travers les étages, se roulaient sur le dos, ventre offert aux câlins, me rendant aussi espiègle qu'eux. Quelle leçon de bonheur je reçois à chaque réveil ! Pierre angulaire de mon équilibre, mes chiens m'obligent au jeu, au rire, aux cajoleries.

Dans votre enfance, vous obtenez un autre sésame pour le bonheur : le costume, le chant, la danse. Ce goût du spectacle, c'est votre mère qui le diffuse dans la famille ?

Mes deux parents se griment régulièrement. Pour nous payer des vacances d'été à Beauvallon, au bord de la Méditerranée, mon père enseignait la voile — drogué à mort parce qu'il vomissait en bateau — puis le soir, dans ce village de loisirs qui l'employait, il coiffait une casquette d'animateur en organisant des spectacles. Avec ma mère, il exécutait un numéro dansant sur un air de Saint-Saëns, un duo burlesque qu'ils avaient nommé *La crevaison du canard*, parodie de *La mort du cygne*. Mon père barbu tenait le rôle de la ballerine, ma mère celui du porteur. Ils jubilaient. La joie c'était ça, la fantaisie, la liberté, mon père et ma mère abandonnant leur blouse de pédagogues pour lâcher leur grain de folie. Nous les suivions parfois, ma sœur et moi, en nous déguisant. Je possède une photo que j'adore et qui relate les fêtes de ces années-là : j'ai 6 ans, je me présente en Chinois, ma sœur en pêcheuse de crevettes à Deauville, ma mère en danseuse espagnole, mon père en fakir indien. Voilà l'insolite famille Schmitt ! Étonnez-vous après que je me consacre au théâtre. Comme on dit dans les livres d'histoire, Napoléon pointait sous Bonaparte…

La musique enrichissait les réunions familiales. Nos festins se concluaient par des airs d'opérette ou par des chansons françaises qu'entonnaient les convives. Rapidement, je me mis au piano pour marquer des accords. Mes parents m'avaient doté d'une marraine originale, Éliane, qui, avant d'épouser un de mes grands-oncles, avait accompagné des artistes, tel Philippe Clay, dans les cabarets de Saint-Germain-des-Prés juste après la guerre. Même si elle avait repris le commerce familial de grossiste en fleurs, cette femme splendide s'installait de temps en temps au clavier et, cigarette aux lèvres, exigeait que je glisse des pièces dans son dos, comme si elle fonctionnait en automate, pour jouer des morceaux.

Quand je ne frappais pas les touches d'ivoire pour soutenir les voix de ma mère, mes oncles, mes tantes, je me régalais des rapports entre adultes. Imbroglios, quiproquos, amabilités perfides, engueulades, piques récurrentes lors des rassemblements familiaux instauraient une comédie qui m'égayait. Mes parents moqueurs m'ont transmis leur sens de l'humour comme une hygiène. Rire de tout, de soi et des autres, sans méchanceté.

Cette famille artiste vous permet-elle de déployer vos talents ?

L'angoisse de mon père fut mon aiguillon principal. Je crois que j'ai passé mon existence à rassurer cet anxieux chronique. Même maintenant qu'il nous a quittés, je continue à le réconforter : « Apaise-toi, papa, tout va bien. » Pourquoi ?

Je suis né avec la lèvre supérieure mal finie, ce qu'on appelait à l'époque un bec-de-lièvre. Mon père kinésithérapeute a donc redouté que je sois anormal, voire débile, et m'a beaucoup stimulé. Une fois tranquillisés, mes parents ont poussé leur garçon singulier à l'excellence. Puisque, habile et désinvolte, je ne consacrais que quelques minutes à mes devoirs le soir, mon père craignait que les maîtres puis les professeurs ne me surestimassent ; il ordonna que je me présente à plusieurs concours — concours de l'École normale d'instituteurs à 15 ans qui m'attribua une bourse, Concours général de français qui me conduisit à l'Élysée, Concours national de la Résistance célébrant les valeurs de l'antifascisme dont j'obtins le premier prix, etc. —, je conclus qu'il ne fut rasséréné que lorsque j'entrai à l'École normale supérieure, rue d'Ulm. Cependant, très tôt, des séjours chez des amis m'ont permis d'évaluer ma chance par comparaison : si je n'avais pas bénéficié de l'amour fort des miens, de leur ambition, de leur ouverture d'esprit, de leur bienveillance attentive, j'aurais sans doute aujourd'hui développé un conflit avec l'univers entier. Grandir dans un bain d'intelligence, d'énergie et de tendresse m'a donné le sentiment d'invincibilité.

Dans ce cercle, ma sœur joue un rôle essentiel. Cinq ans nous séparent. J'accomplis mes premiers pas avec une fillette affectueuse qui me tient la main et me lit des livres. Quand, à 7 ans, j'acquiers plus d'autonomie, elle devient ma meilleure ennemie : je me chamaille constamment avec une chipie de 12 ans. Adolescent, je découvre une nouvelle aînée auprès de laquelle j'adore discuter. Elle se confie, je la distrais. Je photographie, je bricole des films, je dessine des BD, j'écris des livres, j'invente des chorégraphies, je découpe des décors — et cela ne lui pose aucun problème. On me dit brillant la famille lointaine téléphone pour demander des nouvelles du petit génie en omettant de s'inquiéter d'elle — et elle n'en prend jamais ombrage. Elle ne m'en veut pas d'attirer les projecteurs. À l'aune des jalousies que j'ai suscitées ensuite, je mesure le cadeau.

Garçon malicieux, tout feu tout flamme, j'ai besoin d'essayer mille choses, alors je m'exerce sur elle. Mes parodies, mes spectacles, mes excès lui sont d'abord destinés, et je ne fais pas dans la dentelle ! Mes improvisations et mes pastiches l'égratignent souvent : elle ne m'en tient pas rigueur. Je saisis dans son regard que je ne me comporte pas comme tout le monde, mais que ça ne la dérange pas. Oui, ses yeux, plus que ceux de mes parents, m'autorisent à m'épanouir. Aucune de ses copines n'est flanquée d'un frère comme le sien, aucun de ses amis ne me ressemble, son frère constitue vraiment un drôle d'oiseau, mais pas touche à une seule de ses plumes !

Cette joie de l'enfance vous la perdez à l'adolescence…

Nous avons abordé cette période saignante dans le chapitre consacré à la musique. J'ai une mue difficile. Passer de l'enfant choyé qui rêve d'infinis possibles à l'adolescent conscient de ses limites m'a perturbé. Heureusement, l'art vint à mon secours et Mozart me sauva de l'anéantissement. C'est lui qui me conserva debout à 20 ans, quand j'accompagnais des proches atteints du Sida, la terrible épidémie qui foudroie les années 1980. Lui encore qui m'inspirait dans les hôpitaux quand il me fallait raconter aux malades des histoires fabuleuses, les aider à s'évader de leur lit de souffrance, les dérider pour mettre à distance la fin qui rôde. Sitôt que je sortais, vidé d'avoir joué les Shéhérazades au chevet des mourants, un concerto ou un opéra de Mozart me consolaient. Mon enfance artiste avait augmenté le pouvoir d'enrichir le réel, de transcender les difficultés par la création. À la joie, je pèse la résilience que m'a procurée cette éducation, une joie qui rayonne davantage d'avoir rencontré des empêchements.

La vraie joie serait celle qui résiste aux épreuves…

La vraie joie est ce qui demeure quand on a pressé le jus du malheur. Pour ne pas crever des douleurs du deuil ou de l'agonie, j'ai dû approfondir mon aptitude à l'enchantement, accroître ma fermeté face à l'adversité.

À Normale sup déjà, l'étude de la philosophie offrit une colonne vertébrale à mon intensité émotionnelle, proposa des voies de sagesse à mon tempérament trop nerveux, un exutoire à mes violences internes. La fréquentation de Diderot, prince de la légèreté et de l'audace, nourrit ma quête d'équilibre.

Mais il manquait une dimension spirituelle à cette joie raisonnée : l'absolu d'une rencontre. Car la joie suppose un autre, elle est toujours reçue. En 1989, la foi m'est révélée dans le désert. Je m'égare parmi les roches. Prisonnier des sables, transi de froid, je suis soulevé, envahi, par une force qui me pénètre et m'irradie. Une présence m'incendie. Je comprends que tout a un sens. La grâce de cette nuit ne me quitte plus, je dois me montrer digne du cadeau, agir à partir de mon âme qui a vu la lumière. J'ai décidé de devenir le scribe de cette joie. Malheureusement, notre époque ne valorise pas ma démarche. Contrairement à l'accablement qui a pignon sur rue, on ne prend pas la joie au sérieux. Si on respecte le pessimiste, on assimile l'optimiste à l'idiot du village, au ravi de la crèche. M'opposer à des hommes pour qui l'œuvre ne vaut que sombre ou désolée m'a aliéné de tenaces incompréhensions. Qu'importe ! Je maintiens mon cap et écris, l'optimisme chevillé au clavier. Platon assurait que la qualité originelle du philosophe consiste à s'étonner. Si je colore son postulat d'affectivité, cela donne ma position d'écrivain : l'émerveillement. Mes personnages vivent chaque jour comme si c'était le premier. Ils disent bonjour au monde, pas adieu. Même quand la mort s'approche, ils gardent leur vitalité intacte. Dans *Oscar et la dame rose*, condamné par le cancer, Oscar quitte son lit pour goûter au bonheur de tomber amoureux. Et quand le quotidien s'embrume, Odette Toulemonde reste gaie comme un pinson.

Cette créature joyeuse que vous avez créée sur le papier puis portée à l'écran vous ressemble comme deux gouttes d'eau. Odette Toulemonde, c'est vous ?

Dans cette nouvelle écrite en 2007, je me répartis entre Balthazar Balsan, un auteur à succès harcelé par un critique hargneux, et Odette Toulemonde, la folâtre plumassière chez laquelle le romancier déprimé trouve refuge. Cette femme radieuse réveille sa capacité d'émerveillement et lui permet d'exprimer sa personnalité : empathie, émotivité, candeur. J'apprécie tellement sa naïveté à toute épreuve, son refus de voir la laideur, que j'ai réalisé là mon premier film. L'interprétation lumineuse de Catherine Frot a magnifié le charme de mon héroïne. Dans le film, Odette, légère, s'envole à la moindre émotion, telle Mary Poppins !

Le prodige, c'est que je n'ai pas inventé ce personnage. J'ai rencontré Odette à Rostock sur la mer Baltique. Lors d'une séance de dédicaces, une lectrice endimanchée m'a tendu une enveloppe décorée d'angelots contenant un cœur en mousse rouge. Je l'ai remerciée, mais son présent trop kitch m'a mis mal à l'aise. L'admiration de cette dame entre deux âges m'embarrassait davantage qu'elle me flattait. Le soir à l'hôtel, esseulé, désœuvré, j'ai ouvert son courrier. Elle m'avait adressé une lettre magistrale, un trésor d'humanité. La nuit, j'ai abrité ce cœur contre le mien. Il trône sur mon bureau comme un talisman.

Cette joie qui brille par-delà les revers, vous la célébrez encore à travers un musicien célèbre sur lequel la fatalité s'est acharnée.

Vous parlez de Beethoven ? On oublie que c'est un infirme qui nous a légué *L'hymne à la joie* ! J'ai écrit *Quand je pense que Beethoven est mort alors que tant de crétins vivent…* pour manifester ma gratitude à ce géant malmené par le sort qui a choisi envers et contre tout le camp de la vie. Enfant, Ludwig apprend le piano sous la contrainte, battu par un ivrogne de père. Dès qu'il s'extrait de la misère et obtient la reconnaissance du public, il découvre qu'il ne pourra bientôt plus écouter ses œuvres. Sourd à 28 ans, il compose sans l'entendre sa sonate dite « Clair de lune », par passion pour une femme qui le snobera. Privé d'audition, de ressources, de compagnie et d'amour, l'artiste surmonte son affliction afin de prodiguer aux hommes la puissance de sa musique. Sa leçon s'avère aussi simple qu'éclairante : goûter ce qui est, plutôt que regretter ce qu'on n'a pas.

Vous avez rejoint la Ligue des optimistes pour devenir ambassadeur de cette joie ?

Je soutiens ce mouvement créé en Belgique en 2005. À l'époque, son fondateur avait imprimé ce slogan sur des parapluies : « C'est un beau jour de pluie ». Tout était dit ! L'optimiste préfère danser sous la pluie que s'en plaindre.

L'optimiste n'a pas bonne presse, aujourd'hui.

On le caricature ! Connaissez-vous la phrase de Tristan Bernard ? « Le comble de l'optimisme ? Entrer au restaurant sans argent puis de commander des huîtres en espérant y trouver une perle pour régler l'addition ! »

Ne faites pas comme lui. Ne réduisez pas l'optimiste à un être béat qui estime que tout ira bien ! Au contraire, l'optimiste perçoit les défauts de la réalité, mais face à ce constat négatif, il ne conclut pas « ce sera pire demain », il déclare « qu'entreprendre pour que ça s'améliore ? ». Il combat le monde, les autres et lui-même pour en corriger les insuffisances.

On résume souvent la différence entre l'optimiste et le pessimiste avec l'image du verre de vin : le pessimiste y voit un verre à moitié vide, l'optimiste un verre à moitié plein. Le pessimiste fixe ce qui n'est pas — le vide — plutôt que ce qui est — le plein. Nostalgique, passéiste, régressif, il pleure ce qui a disparu. L'optimiste observe ce qui existe — la quantité à boire — et ce qui s'annonce — le plaisir. Appétit, délectation et confiance définissent l'optimiste tandis que morosité, privations et plaintes gangrènent le pessimiste.

Paris cultive le pessimisme, Bruxelles l'optimisme. Quand je passe la frontière, je franchis une barrière invisible, celle qui sépare le pessimisme de l'optimisme. Je n'ai pas choisi de rester en Belgique par hasard !

La Belgique serait une terre plus optimiste que la France ?

Incontestablement ! L'histoire de nos deux nations explique cet écart culturel. La France, qui a longtemps régné en grande puissance impérialiste, a du mal à enterrer son passé glorieux. La Belgique, pays jeune, menu, étendu comme la Bretagne, n'exerça jamais une immense influence. Sa modestie constitue sa première médecine contre la dépression.

En France, les relations entre individus s'ancrent sur le rapport de forces : ministres, syndicats, manifestants s'affrontent avant de se parler. En Belgique, le compromis s'impose, car trois communautés et trois langues cohabitent dans un mouchoir de poche. Nul parti n'emportant la majorité, aucun gouvernement ne se forme sans coalition. Il faut s'accorder pour le bien de tous. Ces carcans participent à la bonhomie des Belges.

Un autre détail a son importance. Au royaume de Tintin, le vote est obligatoire. De ce fait, chaque citoyen se sent représenté, et, malgré les scandales de corruptions, les politiques ne sont pas perçus comme des privilégiés, une classe à part qui s'autoencense et se reproduit, mais comme ceux qui se chargent d'accomplir le sale boulot pour la collectivité ! En Belgique, on vit ensemble, pas les uns contre les autres.

Cet optimisme belge, vous le revendiquez encore, après les attentats qui ont meurtri Bruxelles ?

Plus que jamais. En mars 2016, lorsque des terroristes ont pulvérisé l'aéroport de Zaventem, j'ai été frappé par l'attitude des Bruxellois dans la tourmente, tournant le dos au traumatisme pour se focaliser sur la reconstruction. Ils voulaient rebondir. Blessées, mutilées, les victimes se félicitaient de leur chance. Elles souriaient, stoïques, vaillantes, à l'instar de notre petite nation. Face à la barbarie, voici la seule posture possible : se maintenir serein, libre et enjoué ! Puisque nous avons été attaqués pour ce que nous sommes, demeurons nous-mêmes !

On ne peut pas être heureux sans y travailler durement. La félicité ne consiste pas à se tenir à l'abri du mal — ça, c'est être épargné —, elle débute après les coups. Subir un bombardement de violences, de déceptions, d'insultes, de félonies, de deuils, et néanmoins sourire, savourer… Il faut insérer la douleur dans la trame de nos jours.

Or, s'appliquer au bonheur ne suffit pas. Pas seulement parce que la vie s'obstine à blesser, mais parce que le bonheur réside dans le silence de la pensée. Être heureux revient à ne plus se demander si l'on est heureux, le ravissement découlant de la disparition des questions. Comme le sucre fond dans l'eau, inquiétudes, doutes, interrogations se dissolvent dans l'euphorie. La béatitude se montre une faveur, laquelle dépend de nos préparations, mais s'en échappe, telle la grâce d'une danseuse ou d'un pianiste. De même que les exercices ne donnent pas le génie mais y contribuent, la sagesse ne procure pas le bonheur mais le prépare.

En novembre 2015, à Paris, après les massacres du Bataclan, du stade de France et des restaurants du 11ᵉ, nous avons volontairement rouvert le théâtre Rive Gauche deux jours plus tard : ne pas céder à la terreur ! Les fanatiques veulent gagner sur un terrain, celui de nos esprits. Répondons à leur projet funeste par la joie, gardons publics nos lieux de beauté, de générosité, d'échanges. Que le piège de la haine et de la mort se referme sur eux seuls !

– J'ai peur, murmurent beaucoup de gens.

Bien sûr ! Avoir peur, ce n'est pas manquer de courage, c'est emprunter le chemin qui y conduit. Frissonner s'avère la condition de toute bravoure. On ne fait preuve de courage que si l'on domine la crainte éprouvée. Rien à voir avec l'insensibilité ou l'inconscience, ces faux visages du courage ! C'est à la peur surmontée qu'on jauge le courage, lequel consiste à être courageux précisément au moment où l'on sent qu'on ne va pas l'être.

Aujourd'hui, au milieu des menaces terroristes, nous avons l'occasion de redonner à notre existence normale une saveur de première fois : sortir, circuler, voyager, étudier, festoyer, rejoindre nos amis, embrasser nos familles. De quoi s'agit-il, au fond ? Le courage n'est pas triste, loin de là. Il rit, il exulte, il s'affirme, il danse. Ainsi que le notait Anatole France, « la gaieté est la forme la plus aimable du courage ». Restons joyeux, cela prouvera notre cran.

Votre optimisme porte les couleurs de la lucidité.

L'optimisme est un sentiment tragique. Permettez moi de citer un de mes textes : le credo de l'optimisme.

« Je suis optimiste parce que je trouve le monde cruel, injuste, indifférent.

Je suis optimiste parce que j'estime que la vie est trop courte, limitée, douloureuse.

Je suis optimiste parce que j'ai fait le deuil de la connaissance et que je sais que je ne saurai jamais.

Je suis optimiste parce que je diagnostique que tout équilibre est fragile et provisoire.

Je suis optimiste parce que je ne crois pas au progrès, ou plus exactement je ne crois pas qu'il existe un progrès automatique, nécessaire, inéluctable, un progrès sans moi, sans nous, sans notre volonté ou notre sueur.

Je suis optimiste parce que je crains que le pire n'arrive et que j'entreprendrai tout pour l'éviter.

Je suis optimiste parce que c'est la seule proposition intelligente que l'absurde m'inspire.

Je suis optimiste parce que c'est l'action cohérente que le désespoir me souffle.

Oui, je suis optimiste parce que c'est l'unique pari logique que mon esprit a repéré : si le destin me prouve que j'ai eu raison d'avoir confiance, j'aurai gagné ; et si le sort me prouve que j'ai eu tort, je n'aurai rien perdu, mais j'aurai eu une meilleure vie, plus utile, plus généreuse[1]. »

1. *Quand je pense que Beethoven est mort alors que tant de crétins vivent*, Albin Michel, 2010.

Chapitre 7

L'ami de Dieu

Catherine Lalanne : Votre enfance se passe de Dieu, pas d'émerveillement !

Éric-Emmanuel Schmitt : Je pousse sans sentir la présence de Dieu mais troublé par les richesses incalculables de l'univers. En enfant normal, je baisse humblement la tête : tel le philosophe Socrate, je sais que je ne sais pas. Et je parcours ce monde inconnu avec espoir : il finira bien par se livrer à moi. Cette modestie expectative des jeunes années, l'adolescence la met à bas : dorénavant, l'ombre de la mort recouvre le vivant, je n'aperçois plus l'être, seulement le néant, je sombre dans le nihilisme. À 28 ans, la foi me restituera l'esprit d'enfance ; aujourd'hui, le croyant que je suis devenu ne se juge pas très différent du garçon incroyant et néanmoins confiant que j'étais. La foi n'apprend rien — elle ne dispense pas de savoir supplémentaire au sens où la science en fournit —, elle rénove le rapport à l'inconnu. Je fais crédit à ce qui m'échappe. Croire m'a rendu l'émerveillement et la déférence des premiers temps face au mystère.

Comme je vous le disais, Dieu ne fréquente pas notre famille, même si, du côté paternel, les Schmitt appartiennent aux Alsaciens catholiques. Ma grand-mère Marie Schmitt, née Steinmetz, pratique avec ferveur, avec sincérité. L'athéisme de son fils, mon père, l'afflige. Lui-même le vit de façon coupable. Un soir, pendant qu'il m'expliquait à l'aide d'un globe en carton la rotation de la Terre, la succession des jours et des nuits, je lui demandai où logeait Dieu dans le cosmos. Je me rappelle sa réponse navrée : « Dieu n'est nulle part, je ne le vois pas. » Il aurait aimé me transmettre une bonne nouvelle, me léguer la grâce de Marie Schmitt. Hélas…

Ma mère, elle, grandit dans la tradition laïque des ouvriers et artisans de la Croix-Rousse, la colline rouge de Lyon. En cette lignée laborieuse et socialiste, pas de place pour la religion et l'on se méfie du clergé ! Les questions métaphysiques tracassent peu ma mère. Son talent naturel pour la vie, l'amour qu'elle porte aux siens occupe son cœur. Récemment pourtant, il y a deux ans, nous avons partagé une émotion mystique à Saint-Jacques-de-Compostelle, le jour anniversaire du décès de mon père. Au sein de la cathédrale qui embaumait l'encens, nous sommes montés haut, elle et moi, unis dans le recueillement et le silence.

Dans cette famille athée, êtes-vous le vilain petit canard ?

Pas à l'époque ! Incrédule moi-même, je me réduisais à un caneton au milieu des canards ; nous formions une mare homogène. Si, maintenant que je crois, je vire au cygne, ça ne m'a pas métamorphosé en paria. Ma tribu a toujours pratiqué l'indifférence religieuse et ne se montra jamais intolérante. D'ailleurs, mes parents me baptisèrent par convenance sociale — et sans doute pour plaire à ma pieuse grand-mère. Ils m'inscrivirent même à 11 ans, *in extremis*, au catéchisme. « Il faut que tu connaisses l'Histoire ! » me dirent-ils simplement, conscients que nous évoluions dans un pays chrétien, désireux que je comprenne les allusions bibliques des livres, des tableaux, des monuments, des musiques. Leur athéisme ne nous interdisait pas non plus de célébrer Noël, Pâques ou le 8 Décembre.

Le 8 Décembre ?

À défaut de spiritualité, les Schmitt ont rendez-vous avec les cérémonies traditionnelles. Attachés à leur enfance, mes parents nous autorisent, ma sœur et moi, à participer au rite des lampions et à commémorer la

Vierge de Fourvière, protectrice de la cité, tous les 8 décembre. Je me souviens que nous descendions à la cave chercher les gobelets teintés qui ne servaient qu'une fois l'an. Nous les remplissions de pastilles de cire, munies d'une mèche, avant d'orner nos rambardes et nos balcons. J'avais une prédilection pour les verres bleus qui me semblaient plus rares et plus précieux que les rouges ou les jaunes. Après dîner, nos parents nous emmenaient arpenter les rues illuminées. Dans le froid de l'hiver, nous nous mêlions à la foule en liesse avec le sentiment d'épouser un moment unique, propre à Lyon. Enfant et athée, je ne voyais que la magie de la fête.

Avant votre nuit fondatrice dans le désert, aucune rencontre, aucune lecture n'a éveillé votre spiritualité ?

Je fis une très belle rencontre à 11 ans, celle de l'aumônier de notre collège, le père Joseph Pons, un homme cultivé, libéral, qui ne nous imposait nul dogme mais nous incitait à réfléchir sur des sujets de morale et de société. Mai 68 était passé par là et ce ministre de Dieu préférait ouvrir les consciences plutôt que les convertir d'autorité. Pour la première fois, un adulte écoutait, estimait mon avis d'enfant. Je dois à son esprit généreux le goût du dialogue philosophique, même si sa fréquentation n'a pas augmenté d'un pouce mon intérêt pour l'Histoire sainte. Cet abbé exceptionnel m'a donné à boire quand je n'avais pas soif. À l'issue de son enseignement, si je demeurais aussi hermétique aux notions de Père, de Fils, de Saint-Esprit, de Trinité qu'avant, j'avais acquis un profond respect pour les fidèles. Je lui ai gardé une place à part dans mon cœur — comme Albert Camus pour son instituteur Louis Germain — et lui ai rendu hommage en 2004 dans *L'enfant de Noé* : j'ai appelé père Pons le Juste qui sauve les enfants juifs.

À 15 ans, je découvre Nietzsche, Sartre et Freud qui me fascinent et chassent les miettes de christianisme posées superficiellement sur moi. Plus tard, à Normale sup puis à la Sorbonne, je ne me frotte qu'à des athées, Jacques Derrida en tête, mon professeur à la rue d'Ulm. Pourtant, dans le silence de ma chambre, la lecture de Descartes, Leibniz, Kierkegaard et surtout celle de Pascal m'ébranlent. Quoi, de si brillants individus croyaient ? Quoi, ils discutaient sérieusement de l'Absolu ? Quoi, Dieu n'est donc pas mort ?

L'agrégation obtenue, j'écrivis une thèse sur Diderot mais je jetai mon dévolu sur un thème ambigu : Diderot et la métaphysique. Alors que Diderot condamne tout spiritualisme pour y substituer le matérialisme, qu'il fustige les religions au nom de la raison, qu'on l'emprisonne à Vincennes pour athéisme, j'attestais que l'affaire se révélait plus complexe. Avec le recul, je remarque que le mécréant Schmitt qui rédigeait son doctorat démontrait que l'athéisme ne relève pas de l'évidence, que l'on n'esquive pas la métaphysique, y compris lorsqu'on la réfute.

En réalité, l'apprentissage de la philosophie m'avait déplacé de l'athéisme à l'agnosticisme. À la question « Dieu existe », j'avais longtemps rétorqué « non » avec énergie ; désormais, je répondais « je ne sais pas » et laissais prospérer l'hypothèse. J'avais heureusement progressé d'une position idéologique à une position philosophique.

En février 1989, à 28 ans, vous entrez agnostique au Sahara, vous en sortez croyant.

À l'époque, je viens d'esquisser ma première pièce *La nuit de Valognes*. Après Normale sup, l'agrégation, le doctorat, mon avenir semble tracé or je pressens que mes études m'ont autant apporté qu'enlevé. Je contrôle tout, mes émotions, mes pensées, mes sentiments, mes amours, obsédé par la maîtrise. Ma sphère intellectuelle demeure close, confinée dans la réussite académique. J'ai besoin de danger. J'accepte donc la proposition de scénariser un film sur Charles de Foucauld. Ce marabout blanc qui n'a jamais converti personne me séduit. L'ex-militaire lorrain touché par la grâce n'a pas pénétré l'Algérie en conquérant mais pour vivre parmi les Touaregs, traduire leurs poèmes, élaborer le premier dictionnaire de leur langue. Je pars donc à la rencontre d'un sage universel. Qu'il frôle la sainteté chrétienne ne me gêne pas et ne m'oblige pas. Mon premier contact avec le Sahara ressemble à un coup de foudre : le désert me brûle, il m'attire autant qu'il me repousse. Moi qui voulais me détacher de mes bornes, je suis servi ! Adieu le monde des toits, des lits, des salles de bains. Je dois partager la vie d'un groupe de dix randonneurs, manger et coucher dehors sans autre choix que d'avancer. Une pensée me trotte dans le crâne : quelque part, mon vrai visage m'attend.

Le désert vous prépare à cette rencontre.

Le désert nous réduit à l'essentiel. Se taire, endurer la chaleur, marcher malgré les ampoules, gagner le prochain point d'eau pour subsister. Même plat, le désert élève celui qui le traverse ; il se présente depuis des siècles comme la principale adresse de Dieu. Après l'ascèse du soleil, les dunes s'ouvrent le soir aux planètes. Je succombe au charme des nuits sahariennes. Le ciel offre une débauche de bijoux : diamants, broches et colliers cloutent le velours infini ; les étoiles paraissent si proches qu'on pourrait les cueillir. Le petit-fils du sertisseur se réveille en moi, je suis émerveillé. Notre guide touareg, Abayghur, nous aiguille vers le mystère, nous apprend à nous alléger et nous enseigne la simplicité — dresser un feu, réussir le thé, cuire le pain dans le sable. Son dévouement au monde invisible le transforme en subtil intercesseur. Quand je le vois, cinq fois par jour, se prosterner sur son tapis, je prends conscience de ma sécheresse d'Occidental ; Abayghur prie avec son cœur alors que mon esprit s'est atrophié et racorni en intellect. Sa médiation commence à opérer… Au septième jour, je me perds et tout bascule.

Pouvez-vous poser des mots sur l'expérience de cette nuit ?

En descendant du mont Tahat, le sommet du Hoggar, je quitte le groupe, ne retrouve pas l'oued où nous campons, et m'égare dans les rochers. L'obscurité tombe, je n'ai ni eau, ni nourriture, ni vêtement chaud. Je crie ; personne ne répond. On met trois jours à périr de soif ! Effrayé, transi de froid, je me creuse une couche dans le sable pour attendre l'aube. Et cette nuit qui s'annonçait la pire de ma vie me réserve des surprises.

Tandis que je claque des dents, quelque chose me hausse au-dessus des reliefs. Je m'élève et je flotte. J'ai deux corps, un sur la terre, un autre en l'air. Le prisonnier du minéral frissonne en bas et l'affranchi lévite dans le bon et le chaud. La force m'agrandit, me pénètre, m'irradie, je ne fais qu'un avec elle. J'appréhende la totalité dans une lumière croissante, presque insoutenable. Je m'approche d'une présence qui m'incendie. Plus j'avance, moins je doute, et je fusionne enfin. Je deviens feu. Puis la force qui m'a soulevé me ramène sur terre. Je redescends jusqu'à mon corps ensablé. L'ardente lumière s'éloigne mais sa trace reste en moi, vive, incandescente. Mon ravisseur ne s'est pas nommé. C'est une force davantage qu'une personne. Disons que cette force s'appelle Dieu : ce vocable chargé de puissance et de majesté correspond à l'absolu de cette rencontre.

Est-ce le Dieu de Moïse, de Jésus ou de Mahomet ?

Sur le moment, je ne m'en préoccupe pas. Je baigne dans la béatitude. Tout a un sens, tout est justifié. Ce que Foucauld tenait à me confier m'a été révélé au pied du mont Tahat et je saisis sa prière d'abandon : « Je remets mon âme entre tes mains. Je te la donne, mon Dieu, avec tout l'amour de mon cœur, parce que je t'aime, et que ce m'est un besoin d'amour de me donner, de me remettre entre tes mains, sans mesure, avec une infinie confiance, car tu es mon Père ».

Au petit matin, mon destin est scellé : soit j'erre et je mourrai croyant ; soit je rejoins mon groupe et je vivrai croyant. Dans les deux cas, je consens et me réjouis.

Après une journée d'ascension puis de descente, je retrouve le chemin du campement et Abayghur me repère.

Vous n'avez pas répondu à ma question : est-ce le Dieu de Moïse, de Jésus ou de Mahomet ?

Des trois ! Et davantage… À mon retour en France, je me mets à lire les poètes et poétesses mystiques des grandes religions, de l'Asie à l'Inde, de Jérusalem à la Flandre en passant par la Perse ou la Forêt-Noire. Chaque fois, je me découvre des frères et des sœurs inattendus : ils ont éprouvé la même chose que moi ! Je pense, comme Bergson, que toutes les religions ont à leur origine une unique expérience fondatrice, le cœur de feu, puis qu'elles figent cette fusion en mots, en préceptes, en dogmes, en institutions. Elles constituent des refroidissements du feu. Des braises. Semblables au départ, elles finissent différentes.

Pourquoi avoir préféré la religion chrétienne ?

Ah çà, c'est une autre histoire. L'histoire d'une nuit, encore… À Paris cette fois-ci, dans le petit appartement mansardé où j'ai résidé longtemps.

Au retour du Sahara, j'ai entamé la lecture des mystiques. Snob comme un intellectuel parisien des années 1990, j'ai naturellement privilégié l'étude des religions lointaines, le bouddhisme, l'hindouisme, l'islam, le soufisme, le judaïsme. Un soir pourtant, j'ai lu les quatre Évangiles d'une seule traite. Leur message d'amour m'a renversé. Quoi ? On pouvait altérer le ciment des relations humaines, remplacer l'égoïsme ou la peur par l'amour ? Quelle idée folle ! Quelle dynamite ! De surcroît, le christianisme sollicitait mon intelligence car il exigeait d'emblée réflexion et interprétation. Les quatre récits — les Évangiles — ne racontent pas tout à fait la même histoire, ni de la même manière. Subsistent des trous, des divergences, des contradictions entre les attestations des disciples. Au lieu de m'agacer, cela me rassura : quatre faussaires se seraient accordés, quatre menteurs auraient produit un témoignage identique à la barre ! En contant diversement les évènements, les apôtres me parurent authentiques, loyaux, crédibles. Mieux, ils m'octroyaient un espace critique d'interprétation, ils stimulaient mon libre arbitre.

Et le Christ ?

Son humanité me bouleversa. La dernière nuit sur le mont des Oliviers, Jésus grelotte, transpire, apostrophe son Père. Son angoisse, sa crainte de se tromper, son trouble me touchent plus que ses certitudes. Sa Lumière ne passant que par les failles, elle m'atteint en plein cœur.

N'oubliez pas ses ultimes paroles « Mon Père, pourquoi m'as-tu abandonné ? ». Peut-être conjugué-je un étrange christianisme, mais c'est le désespoir de Jésus qui m'y introduisit. Si l'on veut en savoir plus, qu'on se réfère à la première partie de mon roman, *L'évangile selon Pilate*, où j'ai écrit la confession de Jésus avant d'être arrêté, ce moment où il se demande comment il a pu en arriver là.

À partir de L'évangile selon Pilate, *votre foi irrigue votre œuvre.*

Même avant ! Elle tapissait le fond de mes écrits puisque je n'ai publié qu'après le désert. Ainsi *Le Visiteur*, la pièce de théâtre qui m'a fait connaître et qui a triomphé un peu partout dans le monde, propose la transcription de ma nuit de feu sous la forme d'une comédie philosophique.

L'évangile selon Pilate inaugure toutefois un nouveau pan de mon écriture. Il m'a fallu sept années pour le rédiger. Sept années pour devenir chrétien… Publié en 2000, ce roman marque mon coming out chrétien. Impossible de garder pour moi cette révélation, je devais alimenter la flamme du christianisme.

Or, on peut adorer sa maison et s'intéresser à celle des autres. Dans mon *Cycle de l'invisible*, je me passionne pour les religions, pas uniquement le christianisme, ma démarche se révélant plus humaniste que religieuse puisque j'évite tout prosélytisme. Dans *Milarepa*, j'évoque le bouddhisme tibétain, avec *L'enfant de Noé* le judaïsme, la mystique musulmane du soufisme dans

Monsieur Ibrahim et les fleurs du Coran, le bouddhisme zen dans *Le sumo qui ne pouvait pas grossir. Oscar et la dame rose* met en scène l'espérance chrétienne par-delà la mort. Je suis convaincu que la connaissance des autres bâtit un essentiel palier à la tolérance.

Pourquoi avoir attendu si longtemps pour narrer votre nuit au désert ?

Le langage a été inventé pour décrire le visible pas l'invisible, l'ordinaire pas l'extraordinaire. Alors, comment faire ?

À 28 ans, cette révélation me sonna comme une révolution. Elle m'engageait à détruire mes habitudes de pensée et à reconstruire. Par paresse, j'ai rechigné. Par conformisme intellectuel, j'ai préféré le secret à l'expression. Cependant, j'eus beau négliger le filet d'eau qui s'était infiltré en moi dans le désert, il grandissait, il grossissait, il devenait fleuve. Finalement, la foi a fait toute seule son lit en moi, elle m'a modifié et renouvelé. Aujourd'hui, je ne la différencie plus de moi. Ma foi est moi.

Longtemps, les mots n'offraient pas de portes d'accès à ce que j'avais vécu. Confiant, j'ai attendu ma maturité. J'avais rendez-vous avec ce livre, *La nuit de feu*, un rendez-vous auquel je comptais me présenter prêt. Mon métier d'écrivain fournissant toujours plus de fermeté et d'audace à ma plume, je réfléchissais au bon usage des termes. Le jour où j'ai deviné que je raconterai cette aventure métaphysique comme une aventure physique, que j'emploierai le lexique du corps pour dire l'Esprit, je m'y suis enfin attelé.

Les femmes m'ont aidé à écrire ce récit. J'ai beaucoup lu les poétesses mystiques car j'appréciais leur façon de parler de Dieu en termes d'amour sexuel. Une métaphore, bien sûr, mais une métaphore juste. Grâce à elles, j'ai trouvé mes propres métaphores, sensuelles, organiques, masculines.

Quand j'ai tracé les premières lignes, tout m'est revenu : ce voyage restait imprimé dans mon corps, j'en conservais une mémoire charnelle autant que spirituelle. La force qui m'avait hissé, bercé, fondu avec les éléments m'a de nouveau envahi. On m'a conduit deux fois à l'hôpital pendant la rédaction…

Quel est le plus beau cadeau de cette nuit ?

La grâce. Ce privilège s'accompagne d'une charge : il me faut garder le cap de la lumière dans l'obscurité. Un talent demeure vain s'il ne s'enrôle qu'au service de lui-même. Je dois vivre et écrire à partir de mon âme qui a vu. À l'heure actuelle, alors qu'on tue en se réclamant de Dieu, j'agis pour respecter en l'autre le même que moi. Les amis de Dieu restent ceux qui le cherchent, pas les usurpateurs qui jacassent en son nom en prétendant l'avoir trouvé. Face à la montée des fanatismes de tout bord, distinguons d'urgence croire et savoir. Croire signifie adhérer à une proposition, non posséder la vérité. Dieu ne se prouve pas par la raison et aucune religion n'est vraie ou fausse. Tolérer la croyance d'autrui découle de l'acceptation de notre ignorance commune. Assis sur cet aveu, nous pouvons exprimer nos convictions en honorant la religion de l'autre. Pour ma part, j'ai conscience que je ne sais rien mais j'habite l'inconnaissance sous la lumière de Dieu et de la révélation chrétienne.

Comme le petit Lyonnais qui voyait ce qu'il ne discernait pas à la lueur de son lumignon ?

Adulte et croyant, je perçois le sens caché du 8 Décembre. La bougie qui brille sur les fenêtres au sein des ténèbres hostiles, c'est mon âme, ma foi, mon espérance. Je souhaite qu'elle résiste, qu'elle tienne jusqu'à l'aube, qu'elle demeure forte, vaillante, méritante, cette courte flamme qui n'éclaire rien sauf le chemin vers l'invisible.

Je voudrais vous relater un autre souvenir, plus ancien, le premier de ma vie consciente. J'ai 5 ans, je me promène à Sainte-Foy-lès-Lyon, au volant d'une voiture écarlate que j'ai reçue à Noël. Je pédale aux côtés de mon père pour dévaler la pente qui mène à notre immeuble, *La tarentaise*. Brusquement, une sorte d'éblouissement me transit. La lumière change, un rideau se lève sur la planète et illumine en contrebas les toits cerise et les clochers de Lyon, irise les fumées qui émanent des cheminées industrielles. Le fleuve miroite. Je réalise, dans un état d'exaltation immense, que je suis moi, le fils de mon père Paul Schmitt. Une minute plus tôt, je stagnais dans la pénombre de l'enfance. En une seconde, je nais à la conscience d'exister. Cette révélation me procure un bonheur d'une telle intensité que je me promets d'en fixer la mémoire. J'ai oublié ensuite l'éclat de cet instant, j'ai confondu la joie simple d'exister avec la suractivité, je me suis davantage agité que réjoui, oui, j'ai oublié, jusqu'au désert, que la vie constituait un trésor. Là-bas, une nuit m'a ramené à l'ébahissement de l'enfance. Dans ce monde, ce ne sont pas les occasions de s'émerveiller qui manquent, mais les émerveillés.

Chapitre 8

Le livre enfant

Catherine Lalanne : Enfant, vous grandissez avec les livres ; adulte, les livres deviennent vos enfants. Vos romans, vos pièces, vos nouvelles, sont-ils les fils et les filles que vous n'avez pas eus ?

Éric-Emmanuel Schmitt : Une tristesse traverse ma vie : ne pas avoir d'enfants de mon sang même si, par bonheur, j'en ai élevé plusieurs auxquels me lie un amour profond. Beau-père, oncle, jamais père… Sans doute ai-je comblé cette lacune par l'écriture. Composer des corps de mots, faute de corps de chair.

De manière générale, j'ai toujours soutenu que l'ambition des mâles venait de la frustration : ils ne portent pas la vie. Alors que les femmes montrent autant de dispositions dans le domaine des arts, elles restent moins nombreuses à créer — certes, je n'oublie pas les facteurs culturels, éducatifs, mais ils n'expliquent pas tout. Même lorsque nous connaissons le bonheur de la parentalité, elle n'a rien de concret : nous ne sentons l'enfant ni bouger ni croître en nous ; si, à sa naissance nous lui tendons les bras, il ne sort pas de nous. Freud définissait la femme par la privation du pénis. Au rebours de lui, je serais tenté de caractériser l'homme par l'absence d'utérus. Le manque hante l'homme, pas la femme. En nous, la vie ne se niche pas, ne s'épanouit pas, n'exulte pas. Mère, aurais-je éprouvé un impérieux besoin de créer ? Parce que je me réduis à un homme, un homme qui, de surcroît, n'a pu avoir des enfants pour diverses raisons, me voici condamné à transcender mon insatisfaction en engendrant une œuvre. Et moi-même, je nais de mes livres.

Naître de ses livres ?

Je n'écris pas pour étaler ce que je pense, mais pour le découvrir. Écrire implique d'enquêter, de creuser, de patienter, d'ausculter, d'insister, de peser, de réfléchir, de formuler puis de reformuler, d'atteindre le moment de vérité où enfin l'on raisonne juste, l'on perçoit juste, l'on parle juste. Mon roman *L'évangile selon Pilate* a dégagé mon rapport au christianisme ; celui sur Hitler, *La part de l'autre*, m'a désigné un monstre virtuel tapi au fond de moi ; *Ulysse from Bagdad* a dénoncé la cruauté de nos sociétés ; *Les perroquets de la place d'Arezzo* m'indiquait, par sa diversité encyclopédique, ma façon d'aimer et de désirer, etc. Parfois, les phrases jaillissent, me surprennent et m'éclairent. Ainsi Oscar s'exclame-t-il lorsque la maladie l'affaiblit : « Vivre chaque jour comme si c'était le premier », une maxime que j'ai adoptée, ma devise. Le livre n'apparaît qu'au bout du chemin, et moi aussi : d'étape en étape, ma personnalité s'édifie, se précise, s'affine. Pindare, le poète de l'antiquité, ne lançait-il pas « Deviens ce que tu es quand tu l'auras appris » ? Mes livres m'ont fait naître à moi-même.

Les heures passées au-dessus de la page sont donc décisives ?

On n'est pas écrivain au seul moment où l'on écrit, Catherine, on est écrivain vingt-quatre heures sur vingt-quatre, en veillant, en rêvant, en goûtant, en caressant, en embrassant, en faisant l'amour. Le tracé d'une ligne exprime le suc de ma vie. Pas une seconde ne s'écoule sans que je ne sente, ne songe, n'écoute, ne respire, ne vibre comme un écrivain. Mes livres sont tissés de tous les instants de mon existence. Ils se trament depuis l'enfance et se condensent dans l'écriture.

On me demande souvent pourquoi j'écris. Est-ce qu'on demande à un pommier pourquoi il fait des pommes ? Il ne pourrait pas davantage répondre que moi. Aucune raison ou aucun choix n'y préside. Cela dépend d'une nécessité organique. J'ignore pourquoi je suis écrivain, je m'estime simplement chanceux de m'en être rendu compte.

Nous portons tous un talent naturel. Le détecter nous permet de nous manifester, de nous développer, de nous accomplir. Quelle tragédie, pour certains individus, d'errer sur cette terre sans jamais trouver leur fonction !

Je ne restreins pas le talent aux arts, aux sciences ou aux techniques. Prenons ma mère qui est née avec le don de la vie : elle a fortifié ce don pour assurer le bonheur des siens, sauvant mon père de ses tendances dépressives, voire suicidaires, poussant ses deux enfants vers la joie. Sa tendresse sans limites a couvé mes aptitudes jusqu'à leur éclosion, m'a donné confiance en moi, m'a autorisé à entendre ma vocation. Car la vocation ne relève ni d'une décision, ni d'une revendication, mais d'une sagace connaissance de soi. Régulièrement, j'ai craint de ne pas me hisser à sa hauteur, or je n'ai jamais hésité sur sa réalité, ni sur la puissance de son appel.

Quand donc avez-vous douté d'être à la hauteur de votre destin d'écrivain ?

Entre 20 et 30 ans, j'ai connu une décennie difficile. Les études m'avaient accaparé — hypokhâgne, khâgne, Normale sup. À 23 ans, agrégé de philosophie, je levai le pied pour effectuer mon service militaire à Besançon. Né à Lyon, la ville de Jean Moulin, la patrie de la

Résistance, je refusais, à la différence de tant d'intellectuels, de me faire exempter : je tenais à me battre si mes valeurs étaient attaquées. Adolescent pendant la guerre, mon père avait été très marqué par les évènements et m'avait transmis des idéaux d'engagement et de courage. À 15 ans, j'avais rencontré des résistants, j'avais lu Anne Frank qui m'avait perturbé pour toujours... Bref, je voulais défendre la liberté si la barbarie pointait à nouveau son nez, manier les armes. J'effectuai donc mes classes sans rechigner. Mon adresse au tir — je tape dans le mille — n'impressionna pas l'état-major qui remarqua plutôt mon agrégation de philosophie : on m'envoya enseigner à Saint-Cyr-l'École. Je me retrouvai du jour au lendemain, sanglé dans un uniforme de sous-officier, devant une promotion au garde-à-vous quand je montais sur l'estrade. Payé trois cents francs par mois, je recevais un paquet de cigarettes chaque début de semaine. Quelque chose en moi vacilla... J'avais achevé Normale sup, j'étais exploité comme fonctionnaire au rabais par l'État, et je n'utilisais plus qu'une partie de mon cerveau, l'hémisphère gauche, celui qui décompose et analyse. L'hémisphère droit, le créatif, avide de nouveautés, celui qui triomphait dans mon enfance, semblait endormi. J'eus peur d'avoir perdu mes pouvoirs magiques car, malgré mes tentatives, j'échouais à composer une fiction digne de ce nom. L'angoisse s'empara de moi. Un médecin me mit paresseusement sous antidépresseurs, sans m'interroger sur l'origine de mon malheur. Moi qui n'avais jamais consommé un psychotrope, le traitement m'assomma. Mon corps fut tellement ralenti qu'aux stations de métro, lorsque je descendais d'une voiture, la rame suivante surgissait avant que je n'eusse parcouru le quai !

J'ai paniqué, j'ai jeté les comprimés à la poubelle et j'ai repris la plume. Question de temps, j'allais y arriver !

Deux écrivains séjournaient alors en moi, lesquels ne s'accordaient pas : l'imaginatif encore bloqué dans l'adolescence, le réflexif bon qu'à l'article ou à l'essai. Si la formulation ne se montrait présomptueuse, je dirais que j'avais abusé de l'intelligence ! L'intelligence est nécessaire mais, cultivée seule, elle s'avère dangereuse. Si brillante et satisfaisante se révèle-t-elle, elle nous endommage quand elle devient l'unique chemin. À force de congédier les émotions, les sentiments, les enthousiasmes, elle rend dur, méchant, lointain, hautain, et produit du cynisme. On ne peut évoluer sans bonté et sans douceur. Je ne prétends pas qu'un individu très intelligent ignore l'empathie, ni qu'un crétin se conduira mieux qu'un savant, j'attire seulement l'attention sur le fait que l'esprit est riche et doit le demeurer, composé d'entendement mais aussi de cœur, d'imagination, de valeurs. Il ne faut pas laisser l'intellect appauvrir l'esprit. On ne pense jamais trop ; cependant, quand on ne fait que penser, on ne ressent plus, on ne se relie plus au monde.

Je bouclai ma thèse sur Diderot pour enterrer l'hyper-conceptualisation. Ensuite, j'ai réussi à marier les deux écrivains que mon cerveau logeait, à mêler raisonnement et imagination, philosophie et fiction, sens et fantaisie. L'adulte retrouvait l'enfant, l'homme cultivé secondait le créateur pubère, chacun donnait la main à l'autre. Enfin !

Plus tard, ma nuit mystique sous les étoiles compléta l'harmonisation.

Dans le journal d'écriture qui accompagne la réédition de votre roman Ulysse from Bagdad, *vous employez les mots « conception », « gestation », « naissance ». Des termes qui évoquent autant la paternité que l'écriture…*

Ulysse from Bagdad est né — j'utilise un verbe qui fait écho à votre question — d'une colère. J'avais vu un reportage à la télévision qui présentait des clandestins découverts par des douaniers dans un camion. La caméra les exhibait comme des sous-hommes, des rats, des parasites… J'ai eu honte de la scène… Honte de la lenteur avec laquelle la révolte gonflait en moi…

Écrire m'offrait de m'opposer à l'effet corrupteur de ces images, d'apporter mon point de vue subjectif. Contrairement au journaliste, le romancier peut dire « je », adopter le regard du sans-papiers, dépeindre la société à travers ses yeux, pénétrer de façon charnelle la vie intérieure de l'exilé.

À partir du moment où je repère ce que je dois écrire, je tombe enceint de mon roman. Je le promène au milieu du monde, muet, en me pavanant et je ne me presse pas d'accoucher. Pour tromper l'attente, je lis, je vis, je réfléchis, je flâne, je rêvasse, je porte l'enfant-livre en moi, tout ce que j'ingère le nourrit. J'évite les faux mouvements : surtout ne pas précipiter sa naissance, sinon le bébé risque d'avoir la fragilité d'un prématuré ou, pire, de débarquer mort.

La sagesse de l'écrivain consiste à attendre le mûrissement de son livre. Il lui faut repousser l'impatience, combattre le fantasme d'avoir achevé la conception, guetter les contractions. Les premières douleurs ? Quand il me devient insupportable de ne pas écrire, je m'assois et je trace la première ligne, la deuxième, la troisième, tranquillement, soigneusement, passionnément. Je me soumets au livre qui veut voir le jour.

Toujours dans ce journal, vous établissez un parallèle entre le père de Saad et votre propre père. Vous enracinez le héros dans votre histoire familiale.

Mes livres s'écrivent plus que je ne les écris. Comme répètent les peintres, « le sujet commande ». Et je lui obéis ! Peut-être ai-je rédigé ce face-à-face entre Saad et son père pour éclairer ma relation avec mon père, pour le disséquer à distance.

Mon histoire familiale s'est aussi déroulée sur fond de migration. Mes grands-parents Schmitt — Marie Steinmetz, originaire de Morschwiller et Auguste Schmitt, issu de Wintzenheim — ont quitté l'Alsace dans les années 1920 à 20 ans. Ils se sont rencontrés à Lyon dans un café du 6e arrondissement fréquenté par les Alsaciens, se sont mariés et ont fondé une famille.

Mon père pratiquait le français avec le respect d'un migrant amoureux et ne se mouvait qu'aux étages nobles de la langue. Je vous ai raconté que pour énoncer un fait trivial, il élisait ses mots dans un registre élevé. J'ai greffé au père de Saad cette manie des épithètes homériques, cette caractéristique stylistique de *L'iliade* ou de *L'odyssée* : Achille aux pieds légers, le divin Hector, Priam au grand cœur, Ulysse aux mille ruses, l'Aurore aux doigts de rose…

Vous écrivez, « Émigrer c'est prendre ses distances avec le père ». Vous-même, avez-vous dû quitter la maison de votre père pour conquérir le droit d'exister ?

Devenir un homme s'obtient à la fois grâce au père et contre lui. Dans le journal d'écriture, j'explique que le père incarne l'identité originelle dont Saad n'a pu se contenter. Saad choisit l'exil car son géniteur ne couvre pas tous ses besoins. Il lui doit la vie mais part vivre sa vie sans lui. Le père, c'est celui que le fils quitte et dépasse. Tout s'avère fort dans ce lien fondateur, intériorisé, d'une intimité turbulente qui se poursuivra après le décès du père. Quand bien même on croit détester son père, on l'adore. D'une impulsion identique, on le blesse ou on l'étreint.

Je me suis construit contre mon père. Une anecdote illustre ce point. Je déjeunais au restaurant avec le comédien Francis Huster. Nous devisions de son futur rôle dans une de mes pièces quand son téléphone a sonné. La personne au bout du fil lui a demandé ce qu'il entreprenait à la rentrée ; devant moi, il a répondu « Je jouerai le prochain Schmitt ». Vous n'imaginez pas le retentissement de ces mots en moi, ni la volupté intense, démesurée, qu'ils m'ont procurée. « Le prochain Schmitt ». Schmitt, ce n'était pas mon père, c'était moi ! Je le délogeais, je n'occupais plus son ombre. Pourquoi cette émotion de collégien alors qu'on m'avait déjà encensé comme dramaturge ? Le cerveau reptilien — celui qui gouverne notre inconscient et nos pulsions ancestrales — avait besoin de cette information. Un fils n'en a jamais fini avec son père. Un jour, je consacrerai une pièce à la filiation…

Ce père avait pourtant reconnu l'écrivain en vous à plusieurs reprises ?

À 16 ans, quand j'ai créé au lycée ma première pièce *Grégoire ou pourquoi les petits pois sont verts*, mon père est venu assister au spectacle. Le lendemain de la représentation, lorsque je me suis réveillé, je l'ai trouvé assis près de mon lit, appliqué à me regarder dormir. Lui si pudique, si retenu, il me considérait avec une tendresse infinie. Il m'a alors avoué que mon talent l'avait ébloui, qu'il éprouvait de la fierté et qu'il se tiendrait toujours à mes côtés.

Par la suite, nous nous sommes affrontés dans le champ des idées, sur les choix de vie, mais il ne m'a pas retiré ce crédit accordé sur l'essentiel. Je me rappelle une conversation émouvante. Nous nous terrions dans la semi-pénombre du garage, dans notre villa d'Écully, entre hommes, au milieu des vélos, des outils, des planches, de l'établi, sous les skis pendus au plafond, parmi les odeurs de cambouis et de sciure. J'avais la trentaine et publié *La nuit de Valognes*, *Le visiteur*, *La secte des égoïstes.* En cajolant le chien et en feignant de bricoler, il m'a déclaré sans jamais fixer mes yeux combien il appréciait mes livres, combien il aurait aimé rédiger des romans policiers, mais qu'il se serait cantonné à un genre tandis que moi, son fils, je bâtissais une œuvre. J'ai conclu ce jour-là qu'il croyait dur comme fer à mon destin d'écrivain.

Vingt ans après, lors de notre ultime conversation à l'hôpital, nous nous sommes encore rapprochés. Il vivait ses derniers instants et je le veillais. Infirmières et médecins m'avaient installé un bureau à côté de son lit et j'écrivais pendant qu'il se reposait. Il a ouvert les paupières, m'a demandé d'avancer, m'a dit son orgueil de m'avoir eu comme fils, sa peine de savoir que je n'aurai pas d'enfants. Sa phrase reste inscrite en moi : « Je souffre que tu ne connaisses pas la paternité parce que c'est l'un des plus beaux cadeaux que l'existence m'a faits. » J'ai reçu sa confidence avec gratitude. Une suprême preuve d'amour.

Et votre mère, il a fallu aussi la quitter pour devenir vous-même ?

Je dus m'arracher à elle alors que nous vivions en osmose permanente. Quand, à 20 ans, je suis parti définitivement de la maison pour gagner Normale sup, la famille prédisait un drame. Je me souviens de ces adieux comme d'hier… Nous piétinions tous les deux sur le quai de la gare de Perrache, seuls, sans témoin encombrant. Chacun s'efforçait de regarder ailleurs. Nous avons bavardé de choses et d'autres jusqu'au signal du départ, simulant l'indifférence. Je suis monté dans le train puis, sûr qu'elle ne me voyait pas, j'ai lâché mes larmes. En me collant discrètement à la vitre, j'ai constaté que, immobile sur le quai, elle pleurait également. Chacun avait caché son chagrin pour ne pas affliger l'autre ; chacun avait bataillé pour ne pas rendre pathétique une séparation indispensable.

Cet esprit de famille vous l'avez transposé dans votre œuvre. Une famille nombreuse, faite de clans, de fratries…

Oui, une œuvre s'apparente à une famille ; il faut connaître ses membres pour l'appréhender dans sa complexité, comprendre leur ordre d'apparition, les affinités électives, les clans. Dans la famille Éric-Emmanuel Schmitt, il y a la fratrie du théâtre, la tribu du roman, le groupe des nouvelles, la bande des essais. Chacun possède sa personnalité : la première concentre le temps, la deuxième se déploie dans la durée, le troisième synthétise les précédents, la quatrième revêt le costume du professeur.

À l'intérieur d'un clan, d'autres liens existent, plus étroits encore.

Quand j'écris mon premier recueil de nouvelles, *Odette Toulemonde*, je sais qu'Odette devient l'aînée d'une famille nombreuse, qu'elle tire derrière elle une trentaine de frères et sœurs, des personnages qui dansent dans ma tête. Lorsque je termine *L'Évangile selon Pilate*, je me découvre prêt à composer *La part de l'autre* : je ne pouvais plonger dans l'ombre du démoniaque qu'après avoir traité la lumière de l'amour. Mes livres se tiennent par la main, chaque ouvrage réclame un frère ou une sœur. Ainsi dans mon *Cycle de l'invisible*, une spiritualité en appelle une deuxième ; *Milarepa* consacré au bouddhisme provoque *Monsieur Ibrahim et les fleurs du Coran* qui explore le soufisme, puis les autres…

Quand on me demande si j'en préfère certains, je me sens un père incapable de choisir entre ses enfants. Je demeure éventuellement davantage attaché à ceux pour qui je m'exposais au danger, un peu comme on tient aux enfants qui nous ont causé des soucis. J'ai eu peur qu'*Oscar et la dame rose* soit banni, car je me heurtais à un tabou, l'agonie d'un enfant. Moi qui, depuis l'enfance, m'étais accoutumé aux maladies, aux infirmités et à la mort puisque j'avais suivi mon père aux hôpitaux dans lesquels il exerçait, j'avais appris à rire des maux, compris que personne n'était plus immortel qu'un autre. Cette familiarité avec l'inéluctable, allais-je trouver les mots pour la partager ? J'ai redouté que la fin d'Oscar blesse des parents endeuillés. Seul le succès m'a rassuré.

Un autre roman, cher à mon cœur, m'a occasionné bien des nuits blanches : *La part de l'autre*. Ramener Hitler au mal ordinaire sans le justifier constituait une énorme gageure. Que se serait-il passé si l'Académie des beaux-arts de Vienne avait accepté d'intégrer Adolf et reconnu sa quête artistique ? Serait-il devenu le Führer ? En affirmant que chacun d'entre nous renferme un possible barbare et abrite un Hitler en puissance, je risquais que le texte soit rejeté. J'ai écrit *La part de l'autre* en équilibre sur un fil, je l'ai protégé, soutenu, soigné… Vous avez raison, je parle de mes livres comme un père de sa progéniture…

Une progéniture que vous applaudissez quand elle vit sa propre vie et devient adulte !

On ne devine jamais la destinée de ses enfants… *Oscar et la dame rose* est travaillé par les médecins ou les infirmières durant leurs études pour saisir le regard du malade. *Le sumo qui ne pouvait pas grossir* sert maintenant aux psychothérapeutes et enseignants qui soignent les adolescentes anorexiques. *Monsieur Ibrahim* cartonne dans les cours de français langue étrangère. Les psychologues ont recours à mes romans et à mes nouvelles en thérapie. Le cas le plus curieux arriva à *Ulysse from Bagdad*. Le président permanent du Conseil européen, Herman Van Rompuy, avec lequel j'avais sympathisé, m'avait invité à déjeuner. Après un échange fin, lucide, drôle, agréable, il m'a retenu par le bras au moment de nous saluer et m'a confié que, Premier ministre de Belgique, il avait dû réformer le droit d'asile et le traitement des étrangers. Son projet était verrouillé quand il avait découvert *Ulysse from Bagdad* ; sa lecture l'avait incité à refondre le texte et à y introduire le maximum d'humanité. Un politicien important me prouvait la force de la littérature. Une fiction avait déplacé les lignes, contribué à rendre le monde meilleur. J'étais ému comme un père dont le fils décroche un baccalauréat avec mention !

À 17 ans déjà, vous remportiez le prix du Concours national de la Résistance et de la Déportation. Vous notiez alors : « Ce que je désirais en écrivant ce devoir : que l'on sache, plusieurs décennies après, que la Résistance française n'est pas un souvenir mais une torche qui brûle toujours. » C'est important pour vous cette fidélité à vous-même et à l'enfance ?

Restons clairs : j'aime l'enfance mais je ne lui adresse aucune nostalgie. Jamais je ne souhaite y retourner, la régression ne m'affriole guère. J'apprécie d'être un adulte qui collabore activement avec l'enfant qu'il fut.

À 40 ans, j'ai découvert *l'esprit d'enfance*. Qu'est-ce ? Le sens de l'étonnement, la curiosité, l'appétit, l'enthousiasme, le goût du jeu, l'humilité, la modestie, la confiance dans l'inconnu, ces qualités dont nous jouissons avant de les abîmer ou les égarer. Sans rebrousser chemin, il faut les récupérer. Aujourd'hui, je me force à lutter contre l'illusion de savoir. J'ai la passion du nouveau. Je refuse la fatigue de vivre. Je proscris le sentiment de déjà-vu ou de déjà-entendu. Je casse toute habitude. J'entends cultiver la fraîcheur, la saveur de la première fois, la naïveté éternelle.

L'art m'y aide. Quand j'admire un tableau ou que j'écoute une musique, je deviens vierge, neuf, j'assiste à une épiphanie. L'aube scintille.

L'écriture m'y aide. Si on me signale que j'ai publié mon quarante et unième volume, j'ai envie de fuir car on me parle de quelqu'un d'autre. Moi, je débute perpétuellement. Tout livre constitue mon premier et mon dernier livre. À l'idée de radoter, je tremble puis je prends mes jambes à mon cou. Voilà pourquoi je change de genres : au lendemain d'un roman, je passe à une pièce, puis à des nouvelles, puis à un conte, puis à un essai, puis à un film ; du coup, lorsque je me remets au roman, me voici timide, inquiet, fébrile, un puceau incertain d'y arriver.

L'esprit d'enfance équilibre l'âge mûr. Le bon adulte n'a pas tué l'enfant en lui, il respecte cet enfant en l'enrichissant.

Cette fidélité au commencement nourrit-elle ou limite-t-elle la création ?

Il faut se révéler loyal et innovant. Soi-même et un autre. Cohérent mais en mouvement.

À 20 ans, j'aspirais à faire. À 100 ans, je me réjouirai d'avoir fait. En ce moment, je fais. Je m'absorbe totalement dans les activités que je pratique avec ferveur. En réalité, je n'aime que faire. À mes yeux ne comptent que le présent et le futur proche. Jamais, je ne contemple le passé ; rarement, je me catapulte dans l'avenir. Je ne m'identifie ni à des souvenirs ni à des projets : je suis ce que je fais. Pas davantage penché en arrière que penché en avant, je plante mes pieds et mon esprit dans l'instant.

J'ai découvert que la félicité gisait là.

Et la contemplation ?

La contemplation de mes toutes premières années, je la retrouverai peut-être dans mes toutes dernières années. La fin ressemblera alors au commencement.

L'espérez-vous ?

Oui… Contemplatif, je le redeviendrai quand j'aurai terminé ma tâche. Plus tard, je serai un enfant.

Jeanine Schmitt, l'éveilleuse

par Catherine Lalanne

Jeannine et Éric-Emmanuel, premier été ensemble…
Lyon, juillet 1960.

Dans quel jardin pousse l'herbe d'un artiste ? Où enracine-t-il son talent ? Sur quelle première palette un futur peintre de l'âme humaine colore-t-il ses pinceaux ? Quelles sont les fées autour de son berceau, les bons génies de l'atelier de son enfance ? Comment agrandir les souvenirs personnels d'Éric du regard de ceux qui l'ont choyé, inspiré, révélé ? Pour lacer au plus près cette tapisserie initiale et tramer à plusieurs fils le récit des premières années, j'ai choisi de donner la parole à un témoin privilégié de son éveil artistique. Sa maman, Jeannine Schmitt, âgée aujourd'hui de 86 ans.

Durant mes dix années « d'amitié littéraire » avec son fils, j'ai eu l'occasion de croiser, à plusieurs reprises, cette dame attentive et affable. L'été dernier, au sud de Bruxelles, alors que nous débutions ce livre d'entretiens dans le havre de la ferme-château de l'écrivain, Jeannine était présente. Marraine discrète de ce projet naissant, elle veillait à la régularité de nos repas. « Faire des livres, c'est bien, assurait-elle, en interrompant, chaque midi, d'un ton rieur, nos conversations passionnées, mais il faut se sustenter et reprendre des forces. La table est mise au jardin, venez déjeuner ! »

Avec douceur et fermeté, Jeannine nous ramenait à la réalité des corps et aux choses d'ici-bas. Elle prenait soin de nous. À l'ombre de la tour de guet, dans le bourdonnement des abeilles, nous faisions honneur à sa tarte saumon-épinards et reprenions sans nous faire prier, des fusilli al pomodoro qu'elle saupoudrait de copeaux de parmesan à même nos assiettes. Autour de la table, la conversation de l'enfance se poursuivait à trois voix, entrecoupée par les jappements de Daphné, Lulu et Fouki, les trois chiens japonais de l'écrivain.

Durant ces repas joyeux, la force du lien mère-fils, leur passion partagée pour les arts, la fluidité de leur dialogue ininterrompu depuis l'enfance, me sont apparues fondatrices de la naissance de l'artiste. Jeannine était une pièce maîtresse du puzzle du dramaturge.

Une mère aimante — cela sautait aux yeux — mais aussi et d'instinct une éclaireuse, une facilitatrice, une pédagogue. Enseignante dans le public, elle avait activement participé à déceler, stimuler et nourrir la précocité de son enfant.

Avec le plein accord de ce dernier, j'ai décidé d'interviewer l'éveilleuse de ses talents, la gardienne des archives de son moi enfantin.

Huit mois plus tard, après avoir bouclé mes entretiens avec le fils, j'ai rejoint la mère, à Sainte-Foy-lès-Lyon. Sur les hauteurs de la capitale des Gaules où Éric-Emmanuel a vu le jour et où Jeannine réside seule désormais, après la perte récente de son mari. « L'ange gardien » de l'enfance m'a menée en « pèlerinage » au pied du balcon de son petit garçon, de l'église de Sainte-Foy où il a été baptisé, à la colline de Fourvière et au lycée Saint-Just qui a révélé ce fils « si doué ». Jeannine s'est mise aux fourneaux pour me concocter une des recettes favorites d'Éric, a ouvert l'album de photographies noir et blanc, convoqué ses aïeux et déroulé avec délicatesse la pelote des souvenirs. Sa bienveillance et son hospitalité — inséparables de sa réserve constitutive — m'ont rappelé… quelqu'un. Au cours de nos longs entretiens, Éric m'a ouvert les portes de sa maison et de son théâtre avec confiance, générosité, amitié. Il a joué pleinement le jeu de la vérité sans jamais se départir de sa discrétion innée. Chez les Schmitt, de mère en fils, le territoire du cœur est indissociable de la pudeur. Et l'enfance, un sanctuaire qui peut être visité, jamais profané.

Avenue Valioud, sur les hauteurs de Lyon, Jeannine coupe le contact de sa Citroën C3 Picasso qu'elle conduit avec énergie. Il bruine et le ciel est gris ce lundi 23 mai, pourtant la vue sur la vieille cité demeure imprenable.

« Admirez le panorama. Éric grandit dans ce décor. Dès qu'il est en âge de tenir debout, il s'enracine sur notre balcon du quatrième étage, fasciné par la vue plongeante sur les toits de Lyon, ses collines et ses fleuves, bercé par les sirènes des péniches qui remontent la Saône.

C'est un enfant actif et rêveur à la fois. Il adore jouer mais peut passer des heures à contempler le paysage. Un paysage qui se déroule sous ses yeux même quand il descend de son balcon. Qu'il joue sur la place où nous sommes actuellement, grimpe dans sa voiture à pédales, apprenne à faire du vélo, revienne de l'école primaire toute proche en tenant la main de sa sœur aînée, Éric baigne dans ce décor immuable. Comment imaginer que cette position en hauteur aurait un tel impact sur son imaginaire ? Ce qui est clair, c'est que son père et moi avions choisi d'acheter cet appartement pour sa vue imprenable. Inutile de vous dire que nous n'avons pas regretté notre choix. »

Jeannine Schmitt est lyonnaise de souche. Elle est née et a grandi sur les pentes de la Croix-Rousse, la colline du labeur, celle des canuts qui tissaient la soie. Une grand-mère et des tantes dévideuses, une mère tisseuse, un père joaillier-sertisseur, Jeannine est fière de ses ancêtres travailleurs. Cette ex-championne de France d'athlétisme à l'âge de 15 et 16 ans, « c'était rare chez les filles en 1945, j'étais une petite célébrité locale », a transmis cet amour des siens à ses enfants. « Ma fille aînée Florence habite tout près et Éric ne manque jamais une occasion de revenir pour donner ses spectacles et mettre en valeur la ville. » Pour preuve, elle me montre *Guignol au pied des Alpes*, un livre écrit par lui en 2002, et dédié à sa cité d'enfance.

Ça compte beaucoup, pour Jeannine, cette fidélité à ceux qui l'ont précédée, cette inscription dans une lignée. À 12 ans, pendant la guerre, elle traversait Lyon à pied pour partager, avec tantes et cousins, les victuailles rapportées de la campagne par sa grand-mère. Encore aujourd'hui, la fierté d'avoir participé à préserver sa famille de la faim durant le conflit se lit dans ses yeux brillants de souvenirs. Cinquante ans plus tard, son mari paralysé par une attaque pourra compter sur ce même soutien sans faille. L'ancienne sprinteuse poussera l'ex-sportif, désormais hémiplégique, sur son fauteuil roulant, quinze années durant, sans jamais baisser les bras ni se plaindre. « Je suis faite comme ça. Je viens d'une famille qui aimait partager les bons moments et savait se serrer les coudes en cas de coup dur. Avoir grandi dans une tribu soudée a sans doute aidé Éric à bien s'entourer. Il travaille lui aussi en "famille", ses proches collaborateurs lui sont acquis. C'est vital pour lui, car la célébrité n'attire pas que la bienveillance. Quand Éric a commencé à être connu, il a fait l'objet de quelques critiques assassines qui rendaient son père… plus malade que lui ! Être parent d'un enfant doué et différent, c'est une fierté et une inquiétude. Au début de sa carrière de dramaturge, nous étions sur les dents. Connaîtrait-il le succès ? Quelles rencontres allait-il faire, quel impact auraient-elles sur son parcours ? Nos craintes ont fondu peu à peu. Sa fidélité à lui-même et sa réussite nous ont confortés dans notre choix de l'avoir accompagné dans la voie qu'il avait choisie. Depuis tout petit. »

« Éric est né après un accouchement difficile. C'était un très beau bébé, avec une lèvre mal finie. Les médecins ont dit que j'avais dû être en contact avec le virus de la scarlatine pendant ma grossesse. Il m'a fallu me séparer de mon petit bonhomme pour qu'il soit opéré. Huit jours sans pouvoir l'approcher ni le réconforter de crainte qu'il me reconnaisse, pleure et tire sur sa cicatrice. Ce premier arrachement m'a profondément marquée. Inutile de vous dire que je me suis rattrapée quand on me l'a enfin rendu. » Entre la mère et le fils, dès le départ, la fusion est de mise. Jeannine est très proche de ce petit garçon intelligent, curieux et si sensible. « Tous les soirs je lui lis une histoire et lui masse le dos pour qu'il s'abandonne avec confiance au sommeil. C'est un instant précieux. Un rituel qui l'aide à éteindre la lumière. Éric n'est pas un auditeur passif. Il invente des scènes, imagine des rebondissements, commente le dénouement. Longtemps après sa petite enfance, il reste attaché à nos séances de lecture, prétexte à des échanges sur la littérature, parfois à des confidences sur sa journée. Je devine son appréhension du sommeil sans en comprendre le motif. Il m'en donnera l'explication des années plus tard. Quand mon père est mort en 1971, Éric avait 11 ans. Il aimait tellement son grand-père que je lui ai raconté qu'il s'était endormi pour toujours, espérant diminuer sa peine. Or, c'est l'inverse qui s'est produit. Ma version édulcorée a déclenché chez Éric une angoisse profonde. Il a associé le sommeil à la mort et a mis des années à se libérer de cette peur. Trop protéger aboutit parfois à fragiliser. Cette erreur m'a servi de leçon et je ne lui ai plus jamais caché la vérité ! »

Très tôt Éric exprime une sensibilité d'artiste. Il marche à peine, qu'il sait déjà se servir de l'électrophone. Il traverse l'appartement en courant dès qu'il entend de la musique. « J'en passe sans cesse, du classique, des musiques d'ailleurs. Très vite, il nomme les morceaux dès les premières mesures sans se tromper. Très tôt aussi il sait exprimer ce qu'il pense avec des mots justes et un vocabulaire élaboré. Il s'oppose à l'autorité en termes très clairs. Je l'entends encore déclarer à 5 ans à la femme de ménage interloquée : "Toi tu ne me commandes pas !" À l'école, il comprend tout très (trop ?) vite et il est dissipé car il s'ennuie. Je suis souvent convoquée. Au CM1-CM2, son institutrice rigoureuse et plus fine que les autres, Mme Poggi a une idée de génie pour le canaliser. Elle lui crée un emploi et le nomme responsable de la bibliothèque. Dès qu'il a terminé ses devoirs, Éric file retrouver les livres. Il les dévore, les ordonne, les répare, et laisse ses petits camarades terminer leurs devoirs en paix.

Grâce à Mme Poggi, Éric rentre avec 9,90 de moyenne au collège d'Écully. »

Là, patatras. Le collège est médiocre. Les différences malvenues. Le professeur de français appelle Jeannine pour se plaindre que son fils dissipe toute la classe. Rappels à l'ordre fréquents. Pour ne plus avoir de problèmes, Éric décroche et se fond dans la masse. Il se laisse aller. Une situation insupportable pour sa mère. « Dès que j'ai pu, je l'ai sorti de là et inscrit au lycée Saint-Just où j'enseignais l'éducation physique. Je ne pouvais pas accepter que mon enfant si prometteur vivote intellectuellement. »

Réussir sa scolarité, se dépasser, compte autant chez les Schmitt qu'être relié aux siens et aimé. Les parents de Jeannine sont très présents et accourent l'aider au moindre souci. « Ma mère venait garder Éric à l'appartement dès que ça coinçait dans mon emploi du temps et mon père adorait ses petits-enfants. C'était un homme calme et tolérant — ma grand-mère disait que c'était un saint. Un saint qui n'hésitait pas à se mettre à quatre pattes pour faire rire son unique petit-fils. Le lien qui les unissait était très fort. Papa affirmait "que son petit cochon" irait loin, "s'il ne se faisait pas manger par le loup". Éric lui rendait au centuple son admiration. C'était une figure masculine, calme et sensible, à laquelle il pouvait s'identifier. À l'opposé de son père plus autoritaire et toujours en mouvement. » Car Éric qui se rebelle face à l'autorité, fond face à la douceur. Autant les ordres le hérissent et le braquent, autant la gentillesse et la considération trouvent l'accès direct à son cœur. « Avec lui la raison et la tendresse étaient bien plus efficaces que les injonctions ou la menace. Monter la voix, tonitruer, ne servait à rien. Son père s'y est cassé les dents plus d'une fois, croyez-moi ! »

Dans ce cocktail d'affection et de compréhension, d'attention et de stimulation, le jeune Éric pousse et s'épanouit. La conscience de son potentiel ne s'accompagne pas pour Jeannine d'une obsession de la performance scolaire. Elle-même, athlète de talent, a cessé rapidement la compétition qui l'ennuyait. Pour cette mère attentive, c'est moins la prouesse qui compte que l'exigence de tirer son enfant vers le haut et de l'ouvrir à la culture et aux arts.

« À 8 ans, je le sens mûr pour la musique. Sa sœur est déjà au piano. Nous chantons, en famille, avec elle. Éric meurt d'envie de jouer lui aussi. À Écully où nous venons de faire construire une maison, je lui trouve un professeur atypique, une ancienne cantatrice. Une femme fine et originale dont je devine qu'elle va comprendre la personnalité rebelle d'Éric. Dès leur première rencontre, elle le met à l'instrument. Éric s'amuse comme un fou ; il déchiffre au petit bonheur les partitions. Très vite il est mordu. Le temps du solfège viendra plus tard. Sa professeur ne l'oblige pas à tenir ses mains dans les règles de l'art ; ils s'adorent. Il est si doué qu'en seconde il parle d'abandonner la filière générale pour passer un baccalauréat musique. À l'époque c'est une voie de garage qui mène tout juste au métier d'accordeur. Nous tenons bon son père et moi. Et Éric continue ses études générales en rêvant de devenir musicien. »

« On parle, on parle et on a oublié les quenelles sur le feu. » Jeannine explose d'un rire très jeune et court à la cuisine soulever le couvercle de sa cocotte. Je l'y suis, happée par les effluves appétissants qui s'en échappent. Les quenelles ont effectivement triplé de volume et semblent prêtes à exploser. « Ma mère qui les réussissait à merveille veillait à ce qu'elles gonflent au point de toucher le couvercle de la marmite. Signe qu'elles étaient à point. Ce rituel du temps de cuisson et du couvercle enchantait Éric petit. Maman cuisinait les quenelles à la sauce tomate avec olives et champignons ; elle les servait dans une pâte feuilletée individuelle. Moi je vous ai préparé des quenelles brochet-écrevisses achetées chez un des meilleurs traiteurs de Lyon. Je vous recommande de les couper en deux pour qu'elles s'imprègnent de la sauce aux fruits de mer. Goûtez tant qu'elles sont bien chaudes, mais faites attention, je viens de me brûler ! »

Se mettre aux fourneaux pour réunir et régaler ceux qu'elle aime, c'est une des passions de Jeannine. « Maman était un vrai cordon-bleu et du côté de mon mari, l'art du bien manger était tout aussi important. La choucroute de ma belle-mère alsacienne et le cérémonial avec lequel elle la servait valaient le déplacement, croyez-moi ! »

Autour de ces tablées festives, une foule de personnages hauts en couleur fascinent Éric qui ne perd pas une miette du spectacle. Dédé, l'oncle baryton de Jeannine, et sa femme, la tante Fonfon, chantent à la fin de chaque repas. Eugène, le cousin germain mélomane, entraîne les amateurs chez lui. Il possède une chaîne sophistiquée sur laquelle il passe des disques d'opéra. « Éric n'est pas haut à cette époque mais il vibre de tout son être. Moi-même, j'ai eu la chance de découvrir l'opéra à 8 ans, entraînée par ma tante Marguerite, la mère d'Eugène. Je me souviens que nous faisions la queue pour obtenir des places au quatrième. Les meilleures de l'avis des spécialistes : la voix montait mieux et c'était beaucoup moins cher. Marquée par ce souvenir, j'ai voulu que mes enfants s'éveillent aussi très jeunes à la musique. »

Les années d'avant l'adolescence sont belles pour Éric. Il dévore la vie, les livres, la musique. Il monte ses premières pièces de théâtre. Au lycée Saint-Just, il est heureux. « Encadré par des vieilles filles agrégées et rigoureuses, il développe ses capacités ! Il doit beaucoup à Emile Barnay, son professeur de français-latin-grec, qui, lorsqu'il me croisait dans le cloître du lycée, me demandait : “Que lit Éric en ce moment ?” Je répondais Pagnol, Rousseau ou Hugo... Et invariablement il me répondait : “Je m'en doutais Jeannine, sa dernière dissertation est imprégnée du style de l'auteur que vous citez.” Car Éric écrivait sans cesse “à la manière de” pour s'entraîner. À la maison, le tiroir de son bureau débordait de manuscrits. Je suppose qu'il inventait des romans et des pièces de théâtre. Je dis, je suppose, car je n'ai jamais lu ces textes. Autant j'étais proche de lui, autant je ne me serais jamais permise d'entrer par effraction dans son univers. Même quand Éric a quitté Saint-Just pour préparer Khâgne et Hypokhâgne au lycée du Parc, Émile Barnay a gardé le contact avec son élève. Et quand Éric a commencé à publier et à monter ses premières pièces, Barnay a créé un fan-club qui se rendait à Paris le supporter à chaque spectacle. Un professeur de cette trempe, ça a été de l'or pour mon fils. Dire que j'éprouve de la gratitude à son égard est faible. Je suis restée liée à lui et à son épouse jusqu'à la fin. Ce sont des découvreurs comme lui qui forgent les talents. »

Quand elle ne s'occupe pas des siens et n'enseigne pas, Jeannine rejoint son club de danse, La lyonnaise. Une association située à deux pas du lycée Saint-Just qui réhabilite les danses anciennes. Cette ancienne athlète adore la chorégraphie. Parfois, Éric la rejoint, attiré par l'ambiance des répétitions. Consciente de son intérêt, Jeannine lui décroche un petit rôle, à 11 ans, pour qu'il puisse accompagner sa troupe au festival de danse de Berlin. Le jeune garçon exulte. Tous les étés aussi, grâce au père d'Éric — qui gère les activités nautiques d'un village de vacances afin d'offrir de beaux étés à ses enfants —, la famille organise des soirées costumées. « Éric adorait participer à ces spectacles. Il n'était jamais à court d'idées. Quand je le vois aujourd'hui diriger les acteurs et imaginer les décors de ses pièces au Rive Gauche, je me dis que les graines semées ont germé. »

Plus Éric grandit, plus sa personnalité d'artiste s'affirme. Il est avide de tout ce qui touche aux arts. Depuis qu'il a déclaré à 8 ans à Jeannine, après avoir vu Cyrano aux Célestins, qu'il voulait être « le monsieur qui écrit la pièce », le lien mère-fils se nourrit de leur passion partagée pour le théâtre. Le week-end, Éric et sa mère fréquentent les scènes tandis que Florence et son père partent crapahuter dans la nature. Le tempérament créatif d'Éric s'accompagne d'une absence totale de sens pratique qui préoccupe ses parents : « En 1978, son père lui offre un deux roues pour se rendre au lycée du Parc. Je continue à jeter un œil sur lui car j'y ai été nommée à un poste très intéressant. » Pour arriver au lycée, il faut parcourir toute l'avenue Duquesne, une longue avenue dotée de six feux. Un jour Florence voit son frère griller, un à un, tous les feux rouges. Affolée, elle en informe sa mère qui, pour avoir le cœur net, suit discrètement Éric en voiture. Sous ses yeux effarés, Éric grille les feux les uns après les autres. Au lycée Jeannine lui demande :

– Combien de feux y a-t-il sur l'avenue Duquesne ?

– Mais maman, il n'y a pas de feux ! lui rétorque Éric sidéré par sa question.

« Ce jour-là j'ai compris que mon fils était définitivement ailleurs. Je lui ai montré l'emplacement de chaque feu. Il a paru surpris. La même semaine on lui a fauché la selle de son Solex ; quelques jours plus tard, c'est le moteur qui s'est détaché. Inutile de vous dire que ni mon mari ni moi n'avons insisté pour le réparer. Le code de la route n'entrait pas dans la sphère d'Éric ! Le monde matériel en général ne l'intéressait pas. Nous avons pris la décision de conduire ce "pur esprit" à sa prépa en voiture ; c'était plus sûr ! »

Cette protection familiale rapprochée bénéficie à Éric quand il monte à Paris tenter Normale sup. Il y passe brillamment l'écrit mais panique à l'idée d'affronter l'oral. Sa pensée est trop rapide, les mots se cognent. Le jeune homme est émotif et doute de lui. Sa sœur Florence qui passe l'agrégation et loge dans un hôtel du Panthéon proche de la rue d'Ulm veille sur son cadet. Un jour qu'elle lui rend visite, elle le trouve affaibli et le moral en berne. Il parle d'abandonner. Affolée, elle prévient immédiatement sa mère qui dépose sans hésiter huit jours de congé et monte à la capitale. Quand son fils vacille, Jeannine ne tergiverse pas. « Je l'ai d'abord mené se refaire une santé au restaurant. Quand il a repris des forces, j'ai joué le rôle du répétiteur et l'ai accompagné à chaque épreuve. » L'avant-bras parsemé de bleus tant Éric agrippe nerveusement sa mère sur le chemin. « J'étais la mascotte de ses copains aussi angoissés que lui car ma présence empêchait les cubes — en jargon normalien, ceux qui ont raté l'oral à plusieurs reprises — de saper avec cruauté le moral des bizus. » Le résultat ne se fait pas attendre : Éric réussit brillamment et Jeannine retourne, la conscience tranquille, sur les hauteurs de Lyon.

Ce lien fusionnel entre Jeannine et Éric exaspère son mari. « Paul trouve que je le couve trop, que je lui passe tout. Je lui réponds que je m'adapte juste à deux enfants très différents. Ma fille aînée scientifique, posée et organisée, demande une autonomie que je lui accorde avec joie. Mon benjamin, littéraire, émotif et désordonné — il faut enjamber un océan de livres pour accéder à son lit —, exige un accompagnement plus étroit. »

Le mari maugrée mais le père est très fier de son fils, et ce, même durant la période conflictuelle de l'adolescence où tous deux se défient et s'opposent. « Je me souviens en terminale, Éric, toujours dilettante, prenait du retard dans ses révisions. Son père lui assène à table :

– Alors ce bac, tu le prépares, oui ou non ?

– Moi, la seule chose qui m'intéresse, c'est la mention très bien, lui répond Éric du tac au tac, d'un ton provocateur.

– Alors mets-toi au boulot et obtiens-la ! décrète mon mari. »

« J'ai dû apprendre l'alphabet grec à toute allure pour le faire réviser ! » Quand le journal local publie les résultats du baccalauréat avec, pour Éric-Emmanuel Schmitt, la mention très bien, le père découpe l'article et le conserve précieusement sans pour autant se répandre en félicitations. Cette approbation de son père, Éric aurait aimé l'entendre davantage même si tout en lui devine sa muette adhésion. « Même quand Éric emprunte des voies que son père désapprouve, qu'ils s'opposent violemment sur des choix de vie essentiels, le lien se tend à craquer… mais ne rompt pas. » Père et fils s'aiment d'un amour profond qui pousse le premier à comprendre et à respecter pleinement la personnalité du second.

« Mon mari et moi avons été de toutes les représentations d'Éric. Même quand Paul était paralysé sur son fauteuil roulant, nous étions fidèles au premier rang de la générale. Très tôt les salles se sont remplies et le public l'a suivi. Je me souviens d'un des premiers grands succès d'Éric, de l'engouement du public pour sa pièce *Variations énigmatiques*, à Paris, en 1995. Nous sommes sortis du théâtre Marigny juste derrière lui. La foule criait : "Éric, Éric !" Il a été happé, sous nos yeux ébahis, par ses admirateurs. Nous sommes restés immobiles, son père et moi, à le regarder descendre l'escalier, entouré de ses fans. Il souriait de son beau sourire, heureux. Nous débordions de fierté de voir notre fils dans la lumière et en même temps nous prenions conscience qu'il ne nous appartenait plus. Il quittait le costume du petit garçon pour endosser celui d'artiste reconnu. Éric vous a dit que j'avais pleuré sur le quai de la gare de Lyon quand il est monté à 20 ans à Paris. Je ne m'en souviens pas. Par contre, je garde le souvenir très précis de la sortie du théâtre Marigny : ce soir-là, j'ai compris que le temps de l'enfance était révolu. Mon fils prenait son envol. Le cordon était coupé. »

La gloire n'éloigne pourtant jamais longtemps l'artiste adulte des siens. Éric le dramaturge demeure très proche de l'auteur de *Grégoire ou pourquoi les petits pois sont-ils verts ?*. Sa famille est sa force ; quand le succès en déboussole plus d'un, Éric ancre sa réussite dans le regard de sa mère et des siens. Les années passent. Il devient l'auteur français le plus lu dans le monde, ses pièces sont jouées jusqu'en Russie et au Japon. Il acquiert son propre théâtre à Paris, entre à l'Académie royale de Belgique, devient membre du prestigieux jury Goncourt. Éric se déploie, s'agrandit, rayonne, mais sa joie de vivre, sa curiosité, sa sensibilité ne changent pas. Sa fidélité à ses lecteurs se double d'une fidélité à lui-même. Sa plume reste accessible, en mémoire de ses deux grands-mères qui n'avaient pas fait d'études. Son théâtre invite le public à la table familiale de l'enfance. Sa passion pour Mozart et l'opéra est partageuse, comme au temps du cousin Eugène et de la tante Fonfon. L'artiste accompli ressemble à s'y méprendre à l'artiste en herbe d'antan. « Cette joie venue de l'enfance est la grande force de mon fils. Ses romans et ses pièces font du bien à ses lecteurs et lui valent leur attachement. Cette reconnaissance du peuple, je veux dire des anonymes et des vraies gens, à son travail, c'est ce que je peux lui souhaiter de plus beau. Les honneurs vont et viennent ; la fidélité du public est un socle solide sur lequel s'appuyer pour bâtir une œuvre. » Un socle robuste, inébranlable, immuable, comme l'amour d'une mère pour son fils, celui de Jeannine pour Éric.

ALBUM D'ENFANCE

Une famille peu ordinaire : De gauche à droite, Florence en pêcheuse de crevettes, Éric-Emmanuel en Chinois, Jeannine en Espagnole, Paul en fakir.
Beauvallon, été 1966.

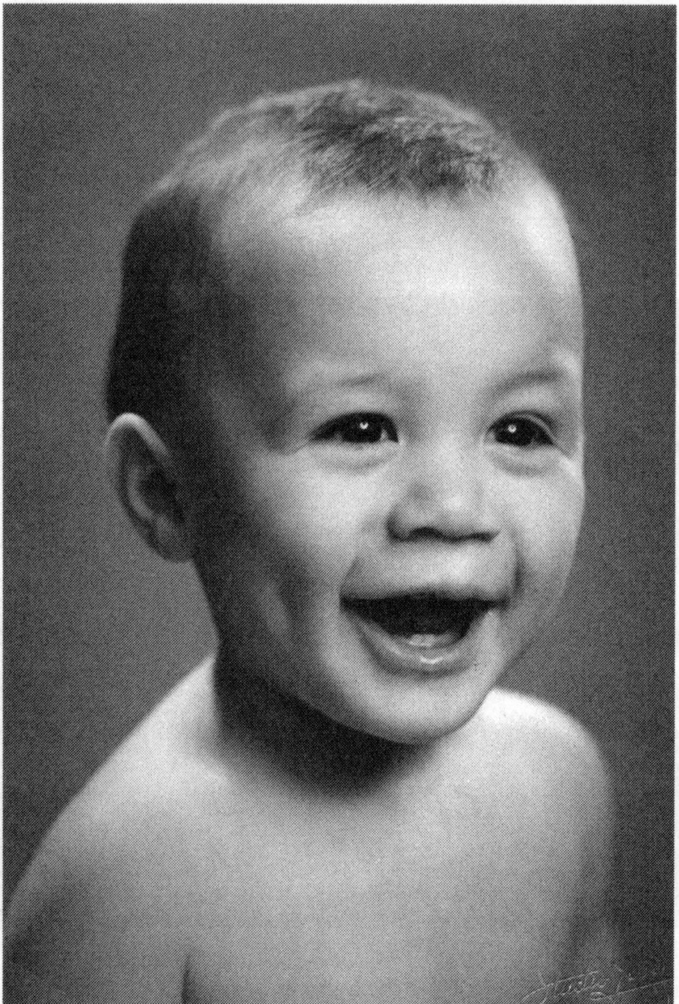

Le sourire immédiatement… « Spontané, mon optimisme est devenu réfléchi. » Sainte-Foy-lès-Lyon, 1960.

François Trolliet, le grand-père adoré,
l'homme qui fabriquait « de la poussière d'or », Lyon, 1965.

Éric-Emmanuel protégé
par Florence, la grande sœur.
Beauvallon, 1961.

Florence fait la lecture à Éric-Emmanuel. Beauvallon, 1964.

Éric-Emmanuel dans la seule voiture qu'il a conduite (sa distraction est telle que ses proches lui interdisent de passer le permis...) Sainte-Foy-lès-Lyon, 1962.

Après le ski, Florence, Éric-Emmanuel et Paul, Courchevel, 1964.

« J'adorais l'école mais je m'y suis beaucoup ennuyé. »
Cours préparatoire, Sainte-Foy-lès-Lyon, 1966.

« La puberté, merci ! Une fois mais pas deux ! »
(*Oscar et la Dame rose*). Lycée Saint-Just, Lyon, 1975.

Table des matières

Œuvres d'Éric-Emmanuel Schmitt

Aux éditions Albin Michel

Romans

La secte des égoïstes, 1994.

L'évangile selon Pilate, 2000, 2005.

La part de l'autre, 2001.

Lorsque j'étais une œuvre d'art, 2002.

Ulysse from Bagdad, 2008.

La femme au miroir, 2011.

Les perroquets de la place d'Arezzo, 2013.

La nuit de feu, 2015.

L'homme qui voyait à travers les visages, 2016.

Nouvelles

Odette Toulemonde et autres histoires, 2006.

La rêveuse d'Ostende, 2007.

Concerto à la mémoire d'un ange, Goncourt de la nouvelle, 2010.

Les deux messieurs de Bruxelles, 2012.

L'Élixir d'amour, 2014.

Le poison d'amour, 2014.

Le Cycle de l'Invisible

Milarepa, 1997.

Monsieur Ibrahim et les fleurs du Coran, 2001

Oscar et la Dame rose, 2002.

L'enfant de Noé, 2004.

Le sumo qui ne pouvait pas grossir, 2009.
Les dix enfants que madame Ming n'a jamais eus, 2012.

Essais

Diderot ou la philosophie de la séduction, 1997.
Ma vie avec Mozart, 2005.
Quand je pense que Beethoven est mort alors que tant de crétins vivent, 2010.

Beau livre

Le carnaval des animaux, musique de Camille Saint-Saëns, illustrations de Pascale Bordet, 2014.

Théâtre

Le Grand Prix du Théâtre de l'Académie française a été décerné à Éric-Emmanuel Schmitt pour l'ensemble de son œuvre
La nuit de Valognes, 1991.
Le visiteur (Molière du meilleur auteur), 1993.
Golden Joe, 1995.
Variations énigmatiques, 1996.
Le libertin, 1997.
Frédérick ou le boulevard du crime, 1998.
Hôtel des deux mondes, 1999.
Petits crimes conjugaux, 2003.
Mes évangiles (*La nuit des Oliviers*, *L'évangile selon Pilate*), 2004.
La techtonique des sentiments, 2008.
Un homme trop facile, 2013.

The Guitrys, 2013.
La trahison d'Einstein, 2014.
Georges et Georges, Livre de Poche, 2014.
Si on recommençait, Livre de Poche, 2014.

Site internet : eric-emmanuel-schmitt.com

Composition et mise en pages
Nord Compo à Villeneuve-d'Ascq

Achevé d'imprimer en France en janvier 2017
dans les ateliers de Normandie Roto Impression s.a.s.
61250 Lonrai
N° d'impression : 1604336
Dépôt légal : février 2017

